西藏佛教史

聖嚴法師——著

編者序

聖嚴法師《印度佛教史》、《西藏佛教史》、《日韓佛教史略》等三冊大作，原本為一合訂精裝鉅著，書名《世界佛教通史》（上），由法鼓文化的前身，東初出版社於一九六九年發行問世。

由於聖嚴法師精嚴的學術背景，厚實的修證工夫，廣博的教育理念，與深切的菩提悲願，成就了本書的涵蓋面與獨特性。其內容深入淺出，史料完整豐富，考證精確詳實，文筆優美流暢，普遍受到教內外大眾的喜歡，並且也深獲學術界的重視好評，在同類著作中，誠為相當稀有難得。因之本書也多次再版，並於一九九三年收錄於《法鼓全集》當中。

《通史》原書嚴謹有序，條理井然，即使分章閱讀，也可視為三本結構完整的著作。法鼓文化一方面因應眾多讀者的熱烈回響，另方面也鑑於時代的變遷以及閱讀的方便，於是將之重新整理編訂，依地區分為三冊，以平裝本的面貌與大眾見面，務求滿足讀者閱讀上的多元需求。

聖嚴法師曾說，要想對這個源遠流長又博大精深的宗教做宏觀性的了解，從歷史的角度切入是最好不過了。佛教發源於兩千多年前的印度，在因緣的變化流轉中，有部派佛教的分裂、大乘佛教的開展，有與各個不同民族文化結合後所呈現出的特色。這不僅只是一個宗教的發展過程，它真正的意義在於這是人類文化、思想史上的里程碑。

從豐富的客觀史料著手，加上法師獨特的文筆見地，這是一套結合了歷史、哲學、宗教與文學的好書。全書以社會環境與時代變遷為背景，以教團活動及教理思想做經緯，不但有佛教徒必須具備的智識，也適合社會各階層人士研究閱讀，不論是任何背景的讀者，相信都將有滿意會心的收穫。

法鼓文化編輯部

目錄

第一章　西藏的歷史與環境

第一節　西藏的歷史

西藏的名稱　西藏民族的古代史，不甚瞭然，唯由中國內地古史記載中可獲一些消息。據舜竄三苗於三危的傳說，是漢民族藉著征伐苗族，進入藏地，而開漢藏兩族交往的端緒。但其真正的歷史記載，應從唐朝開始，西藏才與內地接觸。據《新唐書．吐蕃傳》上說：吐蕃本係羌族的一支，初有百五十餘種，散處河湟江岷間，內有發羌、唐旄，居析支水西，祖名鶻提勃悉野，稍併諸羌，據其地。發蕃聲近，故其子孫稱為吐蕃而姓勃窣野。據《舊唐書》「吐蕃」條稱：吐蕃在長安之西八千里，本漢西羌之地也，其種落莫知所出也；或云南涼禿髮利鹿孤之後也，由禿髮轉音為吐蕃。若以地理形勢而言，吐蕃當為羌族的後代，因在今之青海的羌族中有一名為「邛」的支系，乃在秦獻公時率其部族而南，出賜支河西達數千里；該族大抵在南北朝時代，即以現在的拉薩為中心而建立了吐蕃王國，唯其仍不通於中原。

到了唐太宗時，吐蕃勢力強大，中國史書始有吐蕃的記載。元憲宗時，以忽必烈的武功，西藏遂入其版圖之內，稱之為土蕃或西蕃。迄明太祖既定天下，時稱土蕃為烏斯藏，這是由於元朝在土蕃地方建立的行政機構，計有烏斯藏、納里迷、古魯孫等三路宣慰使司都元帥府而來。烏斯兩字的西藏發音是「衛」（Usu），故又名為衛藏。烏斯之意為中心，藏（Tsang）的意思是清淨，烏斯藏即是清淨中心，是佛國淨土的意思。此乃是拉薩地方的一個州名，因為這個州的地理位置是在中國本土之西陲，故到清朝，即名為西藏了，其意是西方淨土。

因此，藏人自稱其族為「伯特」（Bod），稱其地為 Bod-(kyi) yul，西洋人稱西藏為 Tibet，我們又譯為「圖伯特」或「土伯特」。其中原因是出於轉音的關係，西藏人將「蕃」字讀成「伯特」（Bod），伯特是佛陀國的意思。中國唐代何以要在蕃字上加一個吐字，迄今未有定說，根據《舊唐書》及梵文的藏地古史，稱其民為「禿髮利鹿孤子孫」，也許由此「禿」字轉成的。然至元代以蒙語稱呼吐蕃，便成了圖伯特或土伯特，原音為 Tobed，所以西洋人就譯成了 Tibet。可見轉了數轉，仍係基於西藏人自稱的佛陀國而來。

以此考察，《新唐書》說的由發羌的發字轉為蕃字，又成了問題。據轉音考察，由佛陀（Buddha）讀為西藏的伯特（Bod）是無可置疑的，因為梵語稱西藏為僕吒（Bhota），唯其吐蕃之名始用於唐初，佛教傳入西藏的有史可考者，也在唐初，藏人究於何時開始自稱為佛國，這就不易查考了。但它另有「雪有國」（Gans-Can-Yul），「雪谷國」（Gans-Ljons-Yul），及「赤面」（Gdon-Dmar）等名稱。

元朝以前的西藏　唐朝以前的西藏，雖有王國的成立，卻是部落性質的局面，尚未能夠統一，至西藏王統第三十世之時，棄宗弄贊（即松贊干布，Sroṅ-btsan-sgam-po）王即位，藏族始因武力強盛而有大作為，甚至常寇唐土的邊疆，彼此交戰，時有所聞。唐太宗終以聯婚方式，爭取西陲和平，將宗女文成公主於貞觀十五年（西元六四一年）下嫁藏王。在此稍前，藏王已以同一方式娶了尼泊爾國王女波利庫姬（Bhṛkuti），當時西藏的國勢之盛，可以想見。由於兩位外國公主都是虔誠的佛教徒，而且都是來自文化很高的國土，故從此時開始，藏王接受了兩妃之勸，由漢土及印度請僧伽到西藏弘法，並派大臣端美三菩提（Thon-mi-saṃbhoṭa）等十六人赴印度留學，返藏後即以梵文（Deva nāgarī）為基礎，創造藏文字母，翻譯佛典，藏王亦親自學習藏文的使用，自此，西藏進入了文明時代。

唐睿宗景雲元年（西元七一〇年），唐朝又以金城公主下嫁西藏王統第三十五世藏王棄隸蹜贊。當時漢藏間雖仍不斷構兵，公主對和平工作確也做得不少，在文化方面也將漢文的《毛詩》、《春秋》、《禮記》等書，輸入了西藏。往後於唐德宗建中四年（西元七八三年）及唐穆宗長慶元年（西元八二一年），唐與吐蕃兩度訂盟，刻有碑文，現在存於布達拉宮前的「甥舅合盟碑」，即為長慶年間所立。

唐文宗開成三年（西元八三八年），西藏王統第三十九世朗達磨為贊普（藏王），這是一位信奉原始苯教的王，所以大肆摧滅佛法，故至唐武宗會昌二年（西元八四二年），乞離胡為藏王之時，佛法已摧滅殆盡，西藏政局亦陷於分崩狀態，此後百年之中，西藏的史事，入於黑暗。由於唐朝也日近衰亡，繼起的宋朝國力，又遠遜於唐，故與西藏關係中斷，史書亦無何著錄了。

臣服蒙古以後　成吉思汗建立蒙古帝國，西藏即成其領土之一部。蒙哥汗時，遣其弟忽必烈南征，元憲宗三年（西元一二五三年）克大理，並控制東部西藏；忽必烈繼蒙哥汗為大汗之後，又於元世祖至元九年（西元一二七二年）遣平西王阿魯赤征西蕃，使藏人更進一步地臣服蒙古。忽必烈深知藏人勇猛善戰，不易僅以武力征服，故以藏人所信的佛教加以羈縻，恩遇薩迦派的第四祖大喇嘛薩迦班智達（Sakya Pandita），以取悅藏人的向心。

其時，薩迦班智達又派他的姪兒發思巴（又稱八思巴、帕思巴，藏名 Chos-rgyal-hpagspa）至蒙古，被忽必烈尊為國師，封為大寶法王，他製造蒙古新字，主持宣政院，總攝天下佛教及康藏政務。發思巴是喇嘛教薩迦派的第五祖，自此以後，即開西藏政教合一的基礎，西藏法王兼為藏王。

西藏與印度毗鄰，當伊斯蘭教征服印度之後，曾於元順帝至元三年至四年（西元一三三七—一三三八年），由馬立克．尼克比（Malik Nikpai）統騎兵十萬及大量步兵，入侵西藏，結果為高原風雨所阻，疫癘流行，以致全軍覆滅。

但至元朝末葉，西藏政權漸由薩迦派轉入帕克木都（Phagmo-du）之手，後即成為藏王。

明朝建國之後，對於西藏一如元代舊章。明成祖永樂四年（西元一四〇六年），封迦舉派的哈立嘛（Halima）為大寶法王，十一年封薩迦派的昆澤思巴為大乘法王；明宣宗宣德九年（西元一四三四年），又封宗喀巴的弟子釋迦也失為大慈法王。

西藏佛教的分派，當在另章介紹。以上所說的宗喀巴，是黃教的創始者，稱為格魯派。宗喀巴圓寂後，由其弟子二人以轉世方式，分別掌領衛（前藏）、藏（後藏），那便是達賴與班禪。唯其政權之取得，係在第三世達賴之時，因得蒙古阿爾坦汗（《明史》稱為俺答汗）的崇信，支持他成為西藏政教的領袖。到了明朝式微之際，又由蒙古和碩特部的固始汗，於明莊烈帝崇禎十五年（西元一六四二年）入藏，協助黃教領袖，廢除在後藏維持紅教的藏巴汗，平服了一切反對力量之後，固始汗留其一子駐藏，他又返回青海。自是，蒙古與西藏之間，非但在宗教上同一信仰，政治及地理上也有緊密的關係，且蒙古諸汗也均以黃教的保護者自居。

清朝在西藏主權之確立　西藏本為中華民族的一支，迄今的藏人也不以他們是印度人。但自唐朝開始與內地接觸交往，固不絕於史，西藏卻從未屬於主權中國的一環。直到滿清興起，先將內蒙置於其勢力之下，因此而得與固始汗往還及達賴喇嘛的入朝（清世祖順治九年，西元一六五二年）。且由於滿清皇帝對黃教之信仰及對達賴五世之優遇，曾使外蒙古亦因之內附。

及清聖祖康熙二十一年（西元一六八二年），第五世達賴圓寂，權臣第巴桑節，密不發喪，在十四年間，一面暗中聯絡西蒙古的準噶爾汗噶爾丹，一面對清廷拖延。當五世達賴已圓寂的消息傳出後，桑節便宣布第六世達賴亦已尋獲，名為羅卜藏仁清札陽嘉穆錯。於是，固始汗之孫拉藏汗以桑節作偽，故另立伊西嘉穆錯為六世達賴，並將桑節擒而殺之。如此一來又引來西蒙古準噶爾汗的干涉，而將拉藏汗襲殺，另立達賴六世，到了康熙五十九年（西元一七二〇年），始由清廷以大軍平定了此一亂事，以拉藏汗的舊臣康濟鼐及頗羅鼐二人，分掌前後藏的政務。

清世宗雍正五年（西元一七二七年），又因前藏發生殺害康濟鼐的變亂，後藏的頗羅鼐在此事件中平亂有功，故被清廷封為「貝子」，總理前後藏事務。清廷大軍，於事平後兩個月始達西藏，因藉此次勝利，清廷便使不丹接受了中國的宗主權。嗣又因頗羅鼐之事，朱爾默特那木札勒謀變，而為駐藏大臣誘殺。從此清廷對西藏不再封賜汗王。

清高宗乾隆五十五至五十六年（西元一七九〇——一七九一年），廓爾喀（Gurkha，即今之尼泊爾）兩度犯藏，因藉此次勝利，清廷派大軍自青海入藏，直搗廓爾喀，結果也使尼泊爾接受了中國的宗主權。

清廷藉此大振軍威之時，遂於乾隆五十七年（西元一七九二年），對西藏的政治及宗教，做了本質性的變革和規定。自此使清廷的駐藏大臣權力增高，督辦藏中一切事務，得與達賴及班禪平等，達賴及班禪與皇帝間的來往，必須經由駐藏大臣轉奏，西藏對外關係如與尼泊爾、不丹、哲孟雄（錫金）之來往，俱由駐藏大臣主持。為使達賴、班禪等活佛轉世問題，不致發生蒙蔽及紛擾，故置「金奔巴瓶」於拉薩，呈報後以抽籤方式做決定。黃奮生著的《邊疆政教之研究》（商務版，八十二—八十三頁）將此時駐藏大臣的權職，歸納為如下的七項：1.駐藏大臣與達賴、班禪平等。2.文武官吏選奏任免權。3.軍事指揮監督權。4.大喇嘛轉世監定權。5.財政監督審核權。6.通信檢查權。7.交通統制權。

實際上，這樣的措施實行後，已將西藏的政治、經濟、軍事、宗教、交通等諸項大權，完全統攝於駐藏大臣之手了。所以在西藏的完全主權，是在乾隆末世才告確立。

可是，乾隆崩後，清朝逐漸衰微，對西藏便有鞭長莫及之感了。既不能為西藏的內亂及外患做保護，西藏便日與清廷脫離，達賴喇嘛的權力又再度擴張。至十三世達賴，先由英軍侵藏而逃到北京，清廷昏庸無能，當達賴返藏後竟逼他由反英而成親英，逃亡印度，未幾清帝遜位，達賴便宣布西藏獨立。

英國人的經略　西藏位居亞州中心的高原，對世界而言，向來是個封禁之地，除與中國接觸之外，西洋人是絕對陌生的。但在明熹宗天啟四年（西元一六二四年）耶穌會的葡萄牙傳教士恩得路迪（Antienio Andarade）及馬爾奎（Manuel Marques），經喜馬拉雅山入藏，於西部西藏的擦帕朗（Tsap-arang）建立了第一所天主教會。

到了清高宗乾隆三十三年（西元一七六八年），英國的東印度公司決定對西藏進行調查，希望設立商埠。乾隆三十九年（西元一七七四年），英國駐孟加拉總督哈斯定斯（Hastings）遣使入藏訪問班禪，此時英人以武力不斷欺壓並奪取不丹的領土，不丹在宗教上則受班禪領導，英人此舉實係對藏伸出了侵吞的觸角。

清仁宗嘉慶十九年（西元一八一四年），英人以邊境衝突為藉口，大舉侵略尼泊爾，二年後，尼泊爾被迫割地簽約。清穆宗同治四年（西元一八六五年），英人又以汙辱使節為詞，進攻不丹，不丹亦被迫割地簽約，並先於清文宗咸豐十一年（西元一八六一年），已逼錫金成為英國的受保護國。不丹與錫金，自頗羅鼐治藏時起，即向西藏納貢，何況在宗教上一向屬西藏系統，藏人對此確有唇亡齒寒之感。

清德宗光緒二十九年（西元一九〇三年），英駐印度總督寇尊（Lord Curzon），趁中英開會討論邊境問題，堅持其地點必須在拉薩，遂派榮赫鵬上校（Colonel Younghasband）率軍侵藏，翌年八月初，英軍直抵拉薩，結果使中國政府代西藏賠償戰費五十萬鎊，英國始正式承認了中國在西藏的宗主權。本來英人原想將西藏併吞，唯於自同治十年（西元一八七一年）起，俄國也連續派人進入蒙藏青海地區調查，且藉貝加爾湖周邊信仰喇嘛教的布里雅特蒙古人之來往西藏，更打開了俄國與西藏當局之間的接洽之門。英俄兩國當時共同恐懼德國勢力在歐洲的擴張威脅，所以才將西藏問題做了兩國的緩衝；否則，西藏已受英人的保護，殆無疑問。

二十世紀以來的西藏問題　當榮赫鵬率英軍侵入拉薩時，十三世達賴便由青海逃至北京。以所處不洽，故於次年返藏，清廷便派大軍入藏，鎮壓達賴，迫使達賴轉而逃入印度親向英國，清廷乃革除達賴的名號，促使達賴更為英人拉攏，以致今日西藏人中曾受英國教育的大有人在，也使西方的物質建設帶進了西藏。

辛亥革命之後，由於駐藏川軍發生變亂，遂於民國二年至三年（西元一九一三——一九一四年），接受英人調解，在印度的西姆拉（Simla）開會，中國派西藏宣撫使陳貽範為代表，西藏由親英的噶倫霞札（Long Chen Shatra）為代表，英國以印度外務大臣麥克馬洪（Sir H. McMahon）為代表。結果，英人以仲介者的姿態，主張按照蒙古成例，劃成內藏與外藏，將青海的大部及川邊的一部、雲南的西北角劃為內藏，西藏屬於中國，但在外藏的內政，中央不得干涉，亦不得設文武官員及駐軍於外藏。並將印度國界北移，把不丹以東的大旺、提郎宗至西康察隅之南的土地都劃歸印度，是為「麥克馬洪線」。此一條約草稿雖經陳貽範簽了字，但終未獲中國政府的承認，迄今仍為邊境糾紛的一大問題。

十三世達賴親英，是由於清廷的逼迫，但當民國十二年（西元一九二三年）第八世班禪與達賴不和，遂轉道至北京，傾向中國，達賴在藏，也就掌握了更多的權力。

民國十七年（西元一九二八年），中國革命軍北伐完成，達賴派人向中央輸誠，中國與西藏關係因此恢復。民國二十二年（西元一九三三年），十三世達賴圓寂；民國二十六年（西元一九三七年）班禪正欲返藏，而亦圓寂於青海的玉樹。民國二十八年（西元一九三九年），當時的中央派蒙藏委員會委員長吳忠信入藏，主持第十四世達賴坐床大典，並在拉薩設立第一任駐藏辦事處；民國三十八年（西元一九四九年），中央又派蒙藏委員會委員長關吉玉，前往西寧主持第九世班禪的坐床大典。然而不久之後，國民黨政府撤離大陸，西藏則由中國共產黨接管。

一九五〇年十月，人民解放軍進入西康的昌都，西藏乃派代表往北平，與其簽訂了「和平解放西藏協議」十七條，其內容是：1.將帝國主義的侵略勢力自西藏驅逐出境。2.協助人民解放軍之進駐西藏。3.承認西藏的地方自治。4.保證達賴喇嘛之權職及其政治制度之存續。5.保證班禪喇嘛之權職及其地位。6.達賴與班禪之固有地位，由十四世達賴及九世班禪相互合作，以維持之。7.尊重人民宗教信仰與風俗習慣，保護喇嘛之收入。8.改編西藏軍隊為人民解放軍。9.發展西藏語文及學校教育。10.發展農牧工商各業。11.西藏之改革，委於地方政府。12.過去親於帝國主義及國民黨者，不得為官吏。13.進駐西藏之軍隊應維持紀律。14.對外交涉之事務，均由大陸中央統一處理。15.為保證本協定之實行，故設立軍政委員會及軍區司令部。16.軍政委員會、軍區司令部、西藏駐軍之經費，均由大陸中央負擔。17.本協定於簽章之同時生效。

第二節　西藏的環境

世界屋脊　以西藏的地理環境而言，乃是世界第一高原，平均高度海拔一萬六千呎，低漥處及河流，海拔亦在一萬二千呎至一萬五千呎之間，故有世界屋脊之稱。西藏全境，層巒聳峙，在雪線以上的高峰，數以百計，亙古積雪不化，映入眼簾，因此又有雪國之稱。

西藏近於新疆北端的帕米爾高原，北枕崑崙山脈，南接喜馬拉雅山脈，中貫岡底斯山脈，又有唐古拉山脈東走青海與西康。可說西藏是由幾座世界最大的山脈連結起來的。

再從地圖上看西藏周圍的環境，北方與新疆接壤，東方與青海、西康毗連，南方與印度、不丹、哲孟雄（錫金）、尼泊爾緊鄰，西方乃有喀什米爾、巴基斯坦、阿富汗、蘇俄等國。所以西藏位居亞洲的中心，其地理位置在國防上極為重要。

幅員與人口　西藏面積有多大，各說不一。據陳澄之翻譯的《西藏見聞錄》第四、五頁記載：李察得（Richard）的《皇清輿地》說，西藏東西最長處一千二百四十英里，南北最寬處七百四十英里，其面積為四十六萬三千三百二十平方英里。日本人中村元的《西藏人的思惟方法》中則說八十萬平方公里。

可是英國政府的《西藏》一書內說，其東西長達一千三百七十英里，南北寬為八百二十英里，總面積達一百萬平方英里以上。這是將西康及青海都包括在西藏境內的算法，也就是所謂西姆拉會議上英人把西藏劃為內外藏的看法。

事實上，今日西藏位在東經七十八至九十六度，北緯二十七至三十五度。其最長處自東至西七百零一點三英里，南北最闊處為四百九十九點三英里。其面積當為三十萬八千七百一十三平方英里。但根據世界地理學會的統計，西藏面積之正確數字是四十六萬九千二百九十四平方英里。

至於西藏的人口，據中國大陸建立政權前的估計，在西藏境內的約為一百二、三十萬人左右，如果包括甘肅、青海、西康、雲南等地的藏族而言，共約二百七十萬至三百萬之譜。（《邊疆論文集》二十六頁下）

據陳澄之翻譯的《西藏見聞錄》第二頁說：「藏人計有三百七十二萬二千餘口。分布在西藏、青海、西康、四川各地，均操藏語，信喇嘛教。」

又據日本的中村元說：「西藏人口的推定，約為四百五十萬至五百萬之間，其住於西藏者約二百七十萬，其餘大部的西藏人，則住於四川、雲南、青海等各省的邊境。」（《西藏人的思惟方法》第五頁）這是中國大陸建立政權後的統計數字。然在人民解放軍進入西藏之後，竟從內地向西藏移民了五百萬人，以五百萬人口來同化融合西藏本土的二百七十萬同胞，目的是為打破西藏原有的獨立文化、民族建制、宗教信仰以及風俗習慣（前書第四頁）。中國大陸的計畫，已有顯著的事實，例如以往拉薩附近的農村，慶祝收穫時，供佛祭神，現在卻改用毛澤東及劉少奇的圖像取代了佛像。

再說，西藏人也分有三大族類：

（一）藏巴，又作博巴（Bodpa），這是居於西藏本土的人，也就是雅魯藏布江河谷的農民及北部牧人的名稱。

（二）康巴，舊作喀木（Kham），其意為西康人，他們身材高大，故在各大寺中的警衛喇嘛，多選此族的人擔任，其主要分布於西康，兼有移向雅魯藏布江河谷居住的。

（三）安多，舊稱唐古特，亦作阿木多（Amdo），此原為蒙古對藏人的通稱，後用作甘、青、川地區藏人的專稱。

天然地勢及政治區分　凡是河流縱橫的地方，必可產生人文薈萃的文化，西藏也是一樣。西藏境內最富庶的區域，是喜馬拉雅山與岡底斯山之間由西東下的藏南縱谷，也就是雅魯藏布江的河谷流域。此為藏境第一大河，長約四千英里，其支流很多，例如流經江孜及日喀則的年楚河及經由拉薩的拉薩河，都屬之。唯有在日喀則上游的拉孜，是藏南縱谷的氣候分界線，拉孜以東，高原性的草原到處可見，且河流又多，故宜於農牧兼營；拉孜以西就只有宜於犛牛和綿羊生活的山牧地區了。

西藏的河流分為四大系。上述的雅魯藏布江是印度恆河系的最大支流。藏南縱谷的西部，有狼河、象泉河、獅泉河，會流於扎錫岡城，西北流經喀什米爾而入巴基斯坦；又有導源於瑪那薩羅沃池（大概這就是佛經中的阿耨達池）的狼楚河，流入薩特利日河而匯歸印度河；故此諸河均為印度河系。西藏東部，尚有發源於布喀池的喀喇烏蘇江，下流入西康，至雲南，經緬甸而入海，是為怒江系。西藏北部為內陸河系，例如天池（即是騰格里湖）及奇林湖，都是著名的大湖泊。

西藏地區雖大而人口稀少的原因，乃係藏北高原的廣大地區，多在雪線以上，且其山嶺與盆地，又重重阻隔，跋涉困難，故其南部僅有夏季藏族的山牧，北部亦只有回族的進山狩獵，大部地區是杳無人跡的曠野。

有人居住的地帶，在清代，除了安多之外，將西藏分為三個政治區域，共為六十六個宗（等於內地的縣）：

（一）衛，即是前藏，此由藏南的江孜，向藏北畫一條略向西傾的直線。首府設於拉薩，統轄三十個宗。

（二）藏，即是後藏，以日喀則為首府，統轄二十六個宗。

（三）阿里，此由尼泊爾邊境近西端向北畫一條弧線至喀什米爾，統轄十個宗。

西藏的宗教基礎　根據西藏人的傳說，認為他們的祖先，是觀世音菩薩化身的猴子，他攀越過喜馬拉雅山，於雅魯藏布江畔，跟一個女魔結了婚，住在孜塘深山裡的山洞裡，世代連綿，他們的後代便是西藏人。因此，藏胞將其古代的名王以及現在世世轉生的達賴，都視為觀世音菩薩的化身。觀音本住於印度南方的普陀洛迦山，故將他們的政教中心名為布達拉宮，即是普陀洛迦的轉音，他們以為西藏是一朵蓮花，布達拉宮即是蓮花中心的蓮台，住的就是觀音的化身。

從這傳說看來，西藏老早就是佛化的地區了。其實不然，這個傳說的出現，當在佛教盛行之後，最早不出中國的隋唐以前。這是在佛教輸入西藏之後，西藏即以印度文化為主流的時代才有的觀念。因為這個聖猴的故事，發源於印度史詩《羅摩所行傳》（*Rāmāyana*）。

西藏地接西亞，而在西亞及東北亞草原區域或游牧游獵的族群中，有一種共同的信仰，是一種原始宗教的「巫」的信仰，巫在西伯利亞人的口裡，稱為「薩滿」（shaman），所以宗教學中稱這一系的信仰，謂薩滿教，它以西伯利亞為中心，而向四周伸展，蒙古、滿洲、新疆（畏兀兒）、西藏等相同生活方式的民族社會中，均曾接受過它的信仰。

薩滿教是集幻術及符咒的大成者，它有巫的功能，也有中國道術的威力；它能治療疾病、占卜休咎、祓除邪祟、求雨禳災。但它為一般巫所不能者，便是大場面的降神。西藏的原始信仰稱為苯教（Bon），Bon 即是蒙古語巫師的意思，可見苯教乃係薩滿教的一支，在佛教初盛於西藏不久，即由於苯教徒的嫉妒，而有信奉苯教的朗達磨王毀滅佛教。後來佛教復興，苯教歸化於佛教，以佛教充實苯教，便成了黑教；佛教同樣也吸收了苯教的成分，成為喇嘛教的特色，迄大陸建立政權之前，西藏佛寺的喇嘛們，仍有降神的佛事。那是密教的長處，印度的密教將印度教的神攝為佛教的護法，西藏的喇嘛教，則將苯教的神攝入於佛教中來。

因此，據西藏學者邱斯克尼門（Chos-kiy-ñi-ma）的研究，苯教在西藏的歷史，也分三個時期：

第一期為原始的苯教（hjol-bon）：此期的苯教師，尚無特定的精靈崇拜的儀式，也沒有完整的教義可述。

第二期為混雜的苯教（hkhyar-bon）：此期因有三位僧侶自迦濕彌羅入藏，為吉利貢幹普（Gri-gum bcan-po）王舉行了死者的儀式，所以又被稱為墳墓的苯教。

第三期為變革的苯教（bsgyur-bon）：這是受了佛教的影響之後，苯教的內容產生變革而重新發展。

第二章　前傳的西藏佛教

第一節　西藏佛教的源頭

印度的晚期佛學　西藏佛教史的分期，一般均以朗達磨王的法難為界，法難之先稱為前傳，法難之後稱為後傳。

西藏佛教的傳入初期，雖有從印度移入及中國移入的兩系，但在未久之間，中國系的即從西藏退出，唯印度系的一枝獨秀。

印度佛教也分有原始、小乘、大乘的三階，大乘佛教又分有早、中、晚的三期，此在《印度的佛教》中已經介紹。所以，同為傳自印度的佛教，中國系的是迄中期大乘為中心的大乘顯教，西藏系的則是以晚期大乘為主幹的大乘密教。因在中期大乘之世的印度，密教尚未開展，密教的隆盛，主要是在波羅王朝偏安期間（西元六〇〇——一一三九年），它的源流，則應自世親菩薩以下開始，世親的年代約為東晉元帝大興三年至東晉安帝隆安四年（西元三二〇—四〇〇年）。因此，所謂晚期大乘，相當於中國自東晉時代直到南宋時代，歷時約八百年之久。此其間印度佛教經過多次的嬗變，初後頗多不同。其初二百餘年，學派紛紜，顯密異趣，而與昔來一貫的學風殊異；其後五百餘年，唯有密教由激揚而至於滅亡了。故將前者稱為分化期，後者稱為衰頹期。西藏佛教的輸入，便在後面的五百餘年之間，可是，密教為主的大乘佛法，並非不要顯教的基礎，所以，介紹西藏密教，仍須從世親的傳人說起。

世親的四大傳人　這一節的敘述，我將依據呂澂所著《西藏佛學原論》為主要的參考資料，呂氏所用的資料，乃係取自藏人多羅那他（Tāranātha）的《印度佛教史》，該書成於明神宗萬曆三十六年（西元一六〇八年）。恐有掠美之嫌，故先說明。

世親在印度佛教的思想史上，乃是一位空前絕後的大菩薩，以他一人而集大乘佛法的大成，他的博大精深，以致在他之後的學者，竟無一人能夠通盤繼承。因此，他有四大弟子，分傳四個系統。

（一）由安慧傳承毘曇學：安慧生於南印度，據說他於世親的著書，無不重疏，但他特精毘曇，西藏傳其詳釋《俱舍論》，漢土也說他合糅《雜集》。他的弟子月官，是東印度人，對於一切聲明、經、咒，無所不悉，後住那爛陀寺，遍造五明諸論，廣弘《十地論》、《月燈三昧經》、《四十華嚴》、《楞伽經》、《般若經》，造釋千部。安慧的再傳弟子，則有寶稱。同出於安慧門下的另有廣釋《俱舍論》的滿增，再傳則有勝友。勝友後入西藏。

（二）由陳那傳承唯識因明：陳那生於南印度，歷住那爛陀寺及歐提毘舍，相傳他熟持之經達五百種，無不融合。著述繁多，不下百部。後將他自著的唯識因明諸書，編輯剪裁，成為《集量論》，此乃因明學的集大成者。他的一傳弟子是護法，也是南印度人，通曉內外宗義，辨解自在，縱橫無礙，講說註疏，尤以依於唯識宗義解釋中觀的《四百論》，最為著稱。護法的剃度弟子法稱，善解三藏，熟誦經咒凡五百部；後又從陳那的另一弟子自在軍，受學《集量論》，悟解等同陳那，故為《集量論》作的釋論，詳略共達七部，又使他的弟子帝釋慧為他的釋論作釋，故到此時，唯識因明之學，已達極峰了。

（三）由德光傳承律學：德光生於摩偷羅的婆羅門族，淹貫三藏而於各部律論的成就最高，當他住於摩偷羅的阿伽囉弗利伽藍之時，共住比丘達於千數，莫不律儀清淨。他著有《律經》一部，通釋毘尼要義；又註《說一切有部戒本》，而被後起諸家，仰為準則。

（四）由解脫軍傳承般若學：解脫軍（Aryavimuktisena）生於中南印度之間的日婆羅國附近，學般若於世親之門，又曾問義於僧護。因修般若觀行，以《般若經》經文與慈氏的《現觀莊嚴論》（*Abhisamayālaṃkāra-nāma-pra*）不盡符合，得夢慈氏，遵囑而尋見由南方請來的二萬頌本的《般若經》，全與《現觀莊嚴論釋》相應。於是暢演《無自性義》而為《現觀莊嚴論》註解。《無自性義》是僧護、龍樹學的思想，但是解脫軍闡揚的《現觀莊嚴論》，卻為瑜伽學的祖師慈氏所作。所以他為瑜伽行中觀學派（Yogācāra mādhyamika）的人。

以上四系的餘緒，均為後來的西藏佛教所吸收：安慧的俱舍學；陳那，特別是法稱的唯識因明學；德光的有部律學；解脫軍的瑜伽為中心的般若學。此即構成了西藏顯教大乘重要理論基礎之一大部分。若比之於中國系的大乘教典，《俱舍論》雖有翻譯，但不受普遍的重視；因明確也略有譯介，但是《集量論》和法稱的《七論》則付之闕如；有部律由義淨三藏譯出後並未有人弘揚，因已先有《四分律》了；至於《現觀莊嚴論》及解脫軍的《無自性義》註釋，中國一卷也沒有譯出。

中觀派及第三系　在《印度佛教史》中已說到，龍樹（Nāgārjuna）及提婆之世，中觀學派尚未成立，到了提婆傳龍友，龍友傳僧護，僧護之下出了兩位大弟子，各執一說，分成兩流，出現了中觀學派。

佛護生於南印的呾婆羅國，受龍樹宗義於僧護之門，修習專精而得勝智，故於龍樹及提婆諸書，多所註釋。他的名著是依據《無畏論》而寫成的《中觀論釋》。他的弟子為蓮華覺，再傳便是極受西藏佛教尊崇的月稱（Candrakīrti）論師，著有《入中論》（*Madhyamakāvatāra*，又作《入中觀論》）等書。

清辨也是生於南印度，出身於摩賴耶羅王族，與佛護同門，卻於佛護去世後，對佛護的遺著展開攻勢，最有名的就是他的《般若燈論》。因而一時成為中觀學派的泰山北斗，此對後來的西藏佛教，也有莫大的影響。

現在再介紹第三系，即是瑜伽及中觀之外的別出一系。因在當時，清辨破佛護，乃為同一系統門內之爭。瑜伽派的安慧為《中論》作釋，清辨的弟子又起而非難；稍後，又有安慧的弟子月官，找著中觀派的月稱論辯；另有安慧及德光的弟子德慧，站在安慧的立場攻破清辨，清辨的弟子三缽羅覩陀，便起而與德慧論爭；尚有護法的弟子提婆濕羅摩，註《中論》而破月稱。這都是瑜伽與中觀的兩派之爭，焦點則僅在於對龍樹《中論》解釋的立場不同而已。後來，清辨中觀系的三缽羅覩陀的弟子有室利崛多，再傳則有智藏與寂護（Śānta-rakṣita），寂護便是前傳西藏佛教的第一位大師；瑜伽系的月官及法稱之說，傳於律天和無性，兩家的門戶相爭，更同水火之不能相容。但是，另有一位寂天論師，兼採龍樹、無著的兩家之學，卻不自入於哪一系統之中。寂天本為蘇羅悉陀王子，避位至中印度，從那爛陀寺上座勝天出家。勝天的學系不明，他繼護法之後住持那爛陀寺。寂天從勝天受學而自得三昧，著有《集菩薩學論》、《集經義論》，而以《入菩薩行論》（又作《入菩薩行》、《菩提行經》流傳最廣。考察寂天的思想，乃是以中觀為主而抉擇瑜伽的學者。他對後傳西藏的佛法也有很大影響，例如阿底峽（Atiśa）的思想之中，論到戒增上學的菩薩戒時，除了依於《瑜伽師地論》的〈菩薩地戒品〉，即用寂天的《入菩薩行論》。

到此，我們可將西藏佛教源頭的印度三系人物之傳承關係，列表如下：

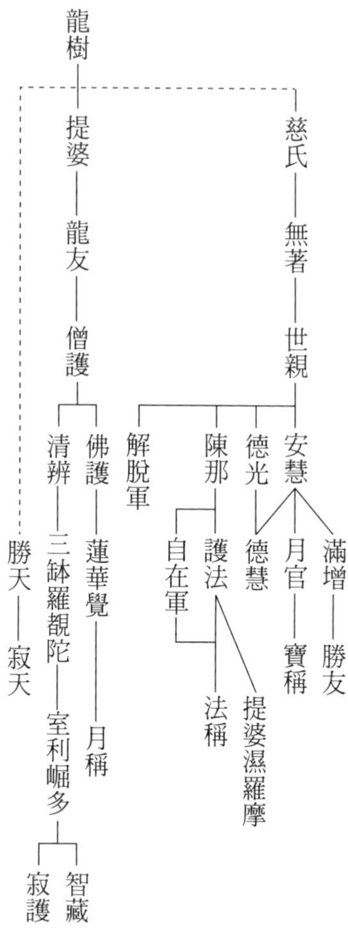

衰頹期的印度佛教　在世親以後的印度佛教，由於瑜伽和中觀的自相論爭，抵消了對外的攝化，外道日益興盛，不得已而攝取外教之物以成密乘的佛法，佛法的觀念愈來愈高調，生活則愈來愈流俗，門內愈是強調降伏外力，實際上卻日漸被外教吞沒。

據多羅那他的《印度佛教史》說，即當龍樹、提婆、無著、世親、陳那、法稱之世，大乘諸師，固屬勝者，但論其僧眾數量，則遠遜於聲聞眾。實則此期的小乘勢力，也較往昔衰退很多，十八部中，僅餘少數部派傳通而已。到法稱之時，東印、南印，均以外道跋扈而佛法遽衰；月稱之際，由於外道淩逼，那爛陀寺的一般講學者，皆不敢公開而改在堂內講說。可知世親以後的二百餘年之間，佛法已在日漸衰落之中。

此後，各顯教論師，均入於密乘，以超岩寺為基地的偏安五百年中，所見者，乃為瑜伽密與無上瑜伽密的發展而已。西藏地接印度，故當印度佛教受到毀滅之際，大師們由尼泊爾及迦濕彌羅而入西藏者不少。所以，西藏佛教的系統是屬印度晚期的大乘密教，密教之特受西藏民族所歡迎者，則由於西藏原有苯教的基礎。密教既能攝納印度的外道，進入西藏之後，自然也就使得苯教皈向。其間所不同的是印度外道已有相當高的神學基礎，故以其傳統勢力的地位而至駸駕乎佛教之上，終因伊斯蘭教入侵而將佛教流放於印度之外。西藏的苯教，雖亦曾一度挾傳統的勢力摧滅佛教，但它本身沒有理論基礎可資立足，所以終被佛教同化。

第二節　佛教的輸入

最早的傳說　根據傳說，西藏之有佛教，為時很早，早在中國周赧王二年

（西元前三一三年），即有一位中印度王子，名叫出士夫地，因被鄰國打敗，東走雪山，到達西藏邊境，先後遇到西藏的有德之士十二人，問他來自何處？他僅以手指天，又見他的相貌舉止與眾不同，遂以為天神下降，便紮木輿，將他肩回部中，擁為藏王，號為聶赤贊普，此為西藏王統之始。同時此王建立佛寺於卡伊蘭（Kailāsa，岡底斯）山之麓，從事佛陀教義的闡揚，故其亦為西藏輸入佛教之始。

後來傳了二十多世，到了陀朵嘌思顏贊（Thothori Nyantsan）王時（當中國東晉之世，西元三七一年），突有四箱，自天降於宮殿樓頂，眾皆不知何物。適有五位僧人自印度來，開啟四箱，知為《寶篋莊嚴經》、《百拜懺悔經》、《六字大明寶玉刻》（即為唵嘛呢叭彌吽，Oṃ Maṇi Padme Hūṃ）、黃金寶塔，以及緊陀摩尼香等。同時又聞空中說話之聲：「自茲當俟五世，始曉此事。」國王雖不知此話的意思，總覺得這些天降寶物，應該修供奉祠，遂置於宮庫，王由此福業功德，享壽百二十歲，並致國泰民安。

又過了五世之後，即為棄宗弄贊王出世，他在十三歲時便繼王位。此王約生於隋煬帝大業十一年（西元六一五年），或者更早四十多年。據說他的容貌如玉，美好秀絕，額前現有「阿彌陀佛」梵字。當他繼位之後，便思念他的國土中，為了利益眾生的事，需要佛像禮拜，正作念時，王的心中忽即化現一僧，為王求得十一面觀音像。

王又思念，須出一位大灌頂者，正深思時，即有普賢菩薩啟請了阿彌提婆（阿彌陀佛？）同觸王首，為之灌頂。由此便現了許多不可思議的神變，生出許多不可思議的稀有之相，故其威力所被，四方震動。

以上三點，雖為傳說，但到棄宗弄贊王時，「威力所被，四方震動」，確為事實，佛教輸入之可以確證者，也在此時。故於傳說之中未必沒有若干史實的成分。

棄宗弄贊王與佛教　一位在人民解放軍進入西藏後，最後從拉薩走出來的西方人——寧康德（Amaury de Riencourt）在他所著的《西藏見聞錄》中說：「藏人本來是世界上最為悍勇好鬥的人，他們若不是以堅強的信仰自制住原始的本性，一旦從世界屋脊上衝下來的話，亞洲撼慄，全球震懾。」

為什麼他會如此說？因為在佛教未化西藏之前，就出了棄宗弄贊這樣一位雄才大略的名王，有人將他在西藏史上的位置，比諸歐洲史上的查理斯大帝，我看他也有類似印度史上的阿育王。當他即位不久，先將鄰近的各西藏酋長征服，然後屢次舉兵遠征。他曾侵入蒙古南部，又向中國交涉。因在唐太宗時，突厥及吐谷渾，皆尚唐之公主，棄宗弄贊也做同樣要求，唐太宗不允，他便率兵進攻吐谷渾。《舊唐書》卷一九六〈吐蕃列傳〉中的記載是這樣的：「吐谷渾不能支，遁於青海之上，以避其鋒，其國人畜，竝為吐蕃所掠；於是進兵攻破党項及白蘭諸羌，率其眾二十餘萬，頓於松州西境。」最後吐蕃雖為唐軍所敗，但他仍來求婚，唐太宗遂於貞觀十五年（西元六四一年），將文成公主下嫁吐蕃。這便是中國史上所稱的吐蕃入寇。此時，在中國與西藏間所住的蠻族均為此王征服。同時，到了貞觀二十二年（西元六四八年），更有力發兵，協助唐使王玄策，討破中天竺。他在對唐用兵之前，已經征服了南方的尼泊爾，娶了尼王的公主波利庫姬，而且席捲緬甸，使之臣服。如果西藏史上多出幾位這樣的國王，亞洲的歷史，必已大大地改觀了。好在此後的西藏，接受了佛教的熏陶。

當他與尼泊爾及唐室通婚之後，接觸到了中印兩國崇高的宗教和文化；尤其是佛教，給他的感化力最強。所以他依據佛教的思想，頒訂了十善及十六要律的民眾守則。

所謂十善是：一不殺生，二不偷盜，三不邪淫，四不妄語，五不兩舌，六不惡口，七不綺語，八不貪欲，九不瞋恚，十不邪見。

所謂十六要律是：一要虔信佛教，二要孝順父母，三要尊敬高德，四要敦睦親族，五要幫助鄰里，六要出言忠信，七要做事謹慎，八要行為篤厚，九要錢財知足，十要報德酬恩，十一要如約還債，十二要斗秤公平，十三要不生嫉妒，十四要不聽讒言，十五要審慎言語，十六要處事寬厚。

有人對此的看法是：「這是松贊剛布就佛教的精義，演為社會上共守的道德和行為的標準，用以判斷民眾善惡和賞罰，可說是他提倡民眾信仰佛教，以化其心，用佛教精義，制定政治信條，以治其身。」（《邊疆政教之研究》七十四頁）也可以說，由於佛教輸入之後，西藏才脫離野蠻而邁進文明的領域。

文明的開拓　棄宗弄贊王既已接觸到佛教文化之後，便想到陀朵嘌思顏贊王時傳下的佛典，西藏尚無一人能夠了解，便派貴族七人前往印度研究，但卻歸於失敗；第二次又派大臣端美三菩提為首的十六個青年往印度學習佛教及音韻學等，為創造藏文而做準備。端美學成歸藏，即仿笈多王朝時代革新後的梵文，調和了西藏語而做成藏文字母；後來他又著成八種文法書，現尚存有兩種，並且將《大乘寶篋莊嚴經》、《百拜懺悔經》、《寶雲經》等譯成藏文，此為西藏譯經的嚆矢。

又據日本金山正好的《東亞佛教史》一八〇及一八一頁說：當時在西藏傳

譯佛典的人，除了端美三菩提，尚有印度學者拘薩羅（Kusara）及婆羅門桑伽羅（Śaṃkara），尼泊爾的學者息拉蒙啟（Śīlamañju），中國的大天壽和尚，以及端美三菩提的兩個弟子達磨古薩（Dharmakośa）及道丘巴爾（Rdo-rje dpal）等人。可見開拓西藏初期文明的功臣，非僅端美三菩提一人了。

同時，我們也見到有三位唐僧，在文成公主之世經過西藏的記載，則為貞觀年間的玄照，經西藏赴北印度；道生由西藏遊印度；永徽年間的玄太，取道西藏至尼泊爾。

據說，棄宗弄贊王當端美三菩提返藏之後，為了研究文字，日夜學習，隱居不問政事者達四年之久，所以他也能用新造的文字，寫作詩歌。上行下效，一時通令全國學習，前面所舉十善及十六清淨世俗要律的文告，即是用此新造的藏文寫成，而得遍行於藏土。故其不愧為後世學者譽為西藏文化之父了。

同時，由於兩位外國公主的下嫁，也各自從她們的祖國，帶去了法像文物，其中有阿閦金剛像、彌勒像、多羅（觀音）像、悉達太子像、釋迦世尊像，以及許多經論、法物，還有數位僧尼。因為兩位外國公主給西藏帶進佛法，故在西藏史上，以為她倆是觀音化身，將之崇拜為多羅天女（Tārā，密部的女尊），文成公主是青

（Doljang）多羅，尼泊爾的波利庫姬公主是白（Dolkar）多羅。棄宗弄贊王死後，也被仰為觀音菩薩，又有說是阿彌陀佛的化身。

為了禮敬三寶，便由好多工匠，建造了十多座寺院，首以拉薩為中心，建立布達拉宮，又分別為兩妃各建一寺，那就是大昭寺及小昭寺。文成公主的大昭寺供奉釋迦佛像，波利庫姬公主（藏人稱為萬妙天神）的小昭寺供奉阿閦佛像。

據說此王享壽八十二歲去世（約為唐高宗永徽元年，西元六五〇年），三十一年後，文成公主亦逝，他們一王兩妃的肉身，均被製成塑像，文成公主的肉身像，迄至晚近，仍在大昭寺中。

初期弘法的阻力　棄宗弄贊王的晚年，雖然極力弘揚佛法，但在當時的西藏，究係尚為半開化的狀態，一般人對於含有高深哲理的佛法，很不容易了解和接受，縱然是藏王的近臣們，也多半是由於王的意志而表面崇信，何況苯教的潛在勢力根深柢固，故到棄宗弄贊崩後，佛教在西藏的推展，又退入了逆流。

佛法不能繼續傳播，繼位的王子尚年幼，遂由貴族中產生了攝政。這些貴族們，原是奉了王命而信仰佛教，王崩之後，對於王在時享有崇高地位的僧人，不唯不敬，反以敵視的態度相加。而且，在另一方面，西藏又再向其鄰邦連年構兵，擴張版圖。因此，佛教的教化事業，更加受到了阻礙。

棄宗弄贊死後無子，係由其孫滿思隆滿贊繼位，稱為貢斯隆王，他的攝政是祿東贊，祿東贊死後，由其子欽陵兄弟專國。此期間，吐蕃兵力外侵，吞併諸羌，擊敗吐谷渾，又敗唐朝的行營大總管薛仁貴，故在《舊唐書．吐蕃傳》說：「自漢魏以來，西戎之盛，未之有也。」

貢斯隆在位十四年而逝，由其遺腹子德斯隆滿格陵王繼位，此正是欽陵兄弟專權時代，西藏國力之盛，猶如旭日東昇。

繼承德斯隆滿格陵王位的，為其子棄隸縮贊王，也遣使至唐，求尚公主，唐中宗即以雍王守禮之女金城公主下嫁。金城公主乃一虔誠的三寶弟子，帶了中國沙門及好多佛典入藏。故在此王時代，曾將《百業經》、《金光明經》，以及數學、藥方等譯成藏文。

金城公主所生的王子，便是此後大興佛法的吃嘌雙提贊王（Khri-Sroṅ-lde-Btsan），又名赤松德贊王，生於唐玄宗開元十六年（西元七二八年），在位時間至唐德宗貞元二年（西元七八六年）。可是，在王幼時，藏境黨爭激烈，擅權的人又是排斥佛教的首領，王雖崇信佛教，但因年幼而無力阻止，以致政府所頒法律，常與佛教的信仰牴觸，甚至沒收經文、封鎖佛殿佛像，並將最大的佛寺毀之改為屠畜場。所以佛教是處於被摧殘的地位。直到王成年，運用智慧，除去了專權的大臣，掌握實權之後，輝煌的佛教時代，才正式開始。

第三節　寂護與蓮華生

寂護入藏　大概在吃嘌雙提贊王盛年親政之時，西藏國力向外膨脹，武功之盛，尤在棄宗弄贊王時之上。曾經東侵中國的青海及金川，常寇中國邊境，甚至一度使長安陷落，南方則征服印度的孟加拉灣。

但是，他的主要精神，還是致力於佛教的興隆，故向中國及印度禮聘僧侶，從事經典的輸入與譯出。先聘中國和尚二人及迦濕彌羅的阿難陀（Ananta）翻譯經典；又遣巴沙（Pah-sa）赴尼泊爾，於唐玄宗天寶六年（西元七四七年）遇善海大師寂護即延請入藏。當時藏中佛法尚屬初行階段，舊有的苯教信仰仍盛，僧眾亦無一定的規範可言，寂護感覺弘化不宜，故又返回印度。不久再受藏王之請，駐藏十五年中，貢獻良多。寂護的師承屬於中觀清辨學派之一別系，與唯識學派也有淵源，但他為西藏帶來中觀派的論書，並且自己著有《二諦分別釋》，宣揚中觀之教法。

從史實中考察，寂護是一位學者型的宗教家。所以當他入藏，正值西藏的惡魔逞凶，雷電震動天地，降雹損傷農作，發生饑饉，疫癘流行。藏王請他降魔，他則回說：「我一生只專心致力於濟度眾生，故無降伏幽鬼惡魔之妙力。然若不將幽鬼與妖魔予以懲罰降伏，如何能建佛殿？欲成就此事，須從烏耆延那（烏仗那，Udyāna）聘請蓮華生上師（Padma-saṃbhava）來藏，他不僅能退治生死大海中一切靈鬼羅刹及八種妖，並通一切陀羅尼（dharni）祕法，若能得此知識，一切幽鬼，可以退治了。」

藏王遂派二人往西北印度的烏耆延那，招聘蓮華生上師入藏，抵達拉薩之時，藏王厚禮相迎。

蓮華生大師　西藏原有的苯教，乃係神鬼崇拜及巫術符咒信仰的宗教，故對寂護的理論實踐的佛教不易接受，蓮華生大師是一位密教的大成就者，他為西藏帶來陀羅尼及真言儀軌，以神咒降伏惡魔妖魅，神通廣大，所向無不敬服。同來有其弟子二十五人，均能降魔伏妖，各化一方，這也正好投合西藏原始信仰的口味。他不反對苯教，卻為民間的疾苦以神通來解救；當其施救之後，仍不自炫恩德，務使民眾自然產生對佛教的敬仰之心。故能不恃強迫，而導民眾皈依佛教。他對藏人施恩，對藏境作惡的鬼靈加威。所以他以神通威力摧伏外道，護持佛法，厥功甚偉。

蓮華生的學承系統不明，據近人呂澂推測：「後世為之史傳者因附會其辭，涉於荒誕，於蓮華生學說傳承反無著錄；又蓮華生自身亦無著書表見。今以寂護特相援引之一點觀之，所持學說或即中觀而兼密乘者，後人謂之中觀自立派（清辨學派）是也。」（《西藏佛學原論》二十三頁）

據各家的西藏佛教史，一般多以蓮華生大師為西藏古派密教的初祖。所謂古派，便是紅教的寧瑪派（Rñin-ma-pa），因為蓮華生自己集譯出有〈金剛緊行根本咒〉，他的弟子巴爾傑桑吉（Dpal-gyi-seṅ-ge），又為之開講〈空行母火焰熾盛咒〉。（參考望月氏《佛教大辭典》三六一三頁下）

但據呂澂的考察，卻說：「此說難信。蓋藏土密乘流布猶在此後，則以印土學者法稱、淨友、覺寂、覺密等相繼北來，廣譯密典，兼傳其學。……舊派密學，實自此伊始也。」（《西藏佛學原論》二十三頁）

神異事蹟 蓮華生既是一位神異卓著的大師，因此有關他顯示神通的記載很多，現在抄錄如下：

（一）當他初入藏境，在堆隆谷地方，大臣及許多人來迎接拜謁，因為該地缺水，蓮華生大師以杖拄地，地下便湧出了清泉。

（二）一日蓮華生遊行某地，遇一厲鬼，獰惡無比，飛遣兩座高山，要將大師壓殺於山峽之間，師以神通飛越，超過山谷之上，並誦真言，將鬼制伏，不復為患。

（三）又有一次在某地方，有一條龍，突然降臨，現極大身，飛雪雨雹，向師攻擊，大師一面口誦〈六字大明咒〉，一面用手去接，龍身忽而縮小，落在大師掌中，掙扎良久，不能脫離，只得乞命皈依三寶，大師為他咒願之後，龍復本身而去，從此以後，該地再無雪雹之災。

（四）又有一次，遇到一鬼，以種種輪杵等的兵器，挾著陣陣的大雪，打擲大師，師乃作法，化積雪為一湖，鬼失託足之所，便落湖中，還想竭力逃脫，師又使湖水沸騰，厲鬼的骨肉因此糜爛不堪，但他尚要逃遁，大師又用金剛杵擊傷鬼眼，鬼乃皈命哀求，師為說法之後，才放他向空而去。

（五）另有一個幽靈，欲害大師，化為大白犛牛，引誘大師乘坐其上。大師自然知道，故當牛怪正要害師之時，師已飄然升空。牛怪卻如繩綑索縛般地動彈不得了，良久始化為白衣少年，乞命皈依。大師即用梵音為之說法，令其歡喜而去。

類此的傳說，很多很多，這在宗教經驗上說，也是不容置疑的現象，所以站在宗教的立場，不宜將之視為無稽之談。

桑鳶寺的僧制初建　吃嘌雙提贊王在寂護與蓮華生的指導下，便於唐玄宗天寶八年（西元七四九年），仿照中印度的歐丹富梨寺之模式，在拉薩之東三十英里處，建造了桑鳶寺（Bsam-yas，又有譯為桑耶寺）。此係一般的通說。

又見陳天鷗的《喇嘛教史略》十三頁說：「此桑耶佛殿的構造，據傳其下層肖土伯特（即西藏），中層肖唐，上層肖中印土。中供三世佛，四面四隅，象四大部洲八小部洲，會萃驅魔之咒，日月之象。」又說：「自王年二十二歲時興工，至三十四歲時始成。」這一說法，是以桑鳶寺的建築藝術，為中國、印度、西藏三地文化的合璧，費時十二年，亦可知其雄偉。據說，當時的建築基地，今日猶依稀可辨。

桑鳶寺落成之後，依寂護的指使，向印度聘致持律比丘二十人，如律建立僧伽；復選藏土優秀子弟七人，從此二十人僧伽稟受具足戒，並且送往印度學法，以備後繼有人。在此之前，藏土尚無律制的僧伽，所以此為西藏僧制建立的濫觴。由於寂護及印度請來的二十位持律比丘，出家戒均採用小乘根本說一切有部所傳，因而西藏的比丘律，迄今仍然沿用說一切有部的律藏。

據望月氏《佛教大辭典》三六一三至三六一四頁稱，在此期間，另有寂護的弟子迦摩羅什羅（蓮華戒，Kamalaśīa）及毘盧遮那羅怯怛（Vairocana-raksita）等，應聘自印度入藏，從事翻經，宣揚佛教。其中特別是迦摩羅什羅，著有《中道莊嚴釋》等六種論書，鼓吹中觀思想，並與中國的大乘和尚辯論而獲全勝。毘盧遮那羅怯怛著有《八苦分偈》及《發信明燈》等書，並與濕連怛羅菩提（Surêndrabodhi）共同譯出《華嚴經》，以揚顯教。

從譯存於藏文藏經丹珠爾論部的覺密與吃㗭雙提贊王及臣庶函件中，知道當時本可延致印藏英才如遍照（Vairocana）、龍幢（Klu-yi-rgyal-mtshan）、智軍等入藏土，但以藏王過於持重，致未成行。

又據金山正好的《東亞佛教史》一八一頁稱：在此期間，另有印度學者毘摩羅彌多羅（Vimalamitra）及西藏學者曲其南巴（Chos-Kyi Snan-ba）等譯出佛典；巴爾丘拘（Dpal-brtsegs）等撰寫譯經目錄，迦濕彌羅的耆那彌多羅，規定了僧制。

由於這些大德的努力，佛法便邁向於隆盛之途。

拉薩的論爭　在此時期，因了漢僧及梵僧的會集西藏，彼此所學的淵源又不盡相同，所以發生了摩擦。漢僧在藏講學的時間較久，其時勢力頗盛，為領袖者被稱為大乘和尚（Mahāyāna Hoa-Śan）。據《西藏佛學原論》二十二頁至二十三頁說：「其人持說，近似禪宗，以為直指人心乃得開示佛性，依教修行均唐勞耳。以是流於放逸，全無操持。此與寂護新建律儀之宗教適相乖返，諍論囂然，久莫能決。時寂護弟子蓮華戒繼續來藏，精通中道，雅善因明。於是藏王集眾，使兩家議論刊定是非，蓮華戒陳詞破難，和尚無以應答，遂放還漢土；自此藏土中觀之學，遂代禪教而興矣。」

此在西藏佛教史上，是有名的「拉薩之論爭」，起於唐德宗貞元八年（西元七九二年），大乘和尚一若中國傳統的型範，主張大而化之的頓悟直指，貶斥思慮分別的教義演繹。可是，頓悟直指之法門，只合於心領神會的默照點破，若要拿到論場去爭一個高低，就派不到用處了。至於印度來的寂護弟子蓮華戒，恰好是從辯論的環境中長成的，印度佛教，自世親、僧護以下，無不注重論辯的技巧，蓮華戒精通因明的論法，所以用他得意的論法，判斷正誤，善守善攻，組織緊密，無懈可擊。結果，大乘和尚的敗北，乃是必然的下場。

不過，根據近代學者的研究，當時的大乘和尚雖在論場上敗下陣來，禪宗的影響並未因此即在西藏消滅。因為由西藏的歷史書中，對於禪宗也有記載，知道達摩大師的禪，是源於摩訶迦葉，從達摩數到大乘和尚，則為第七祖。（見中村元《西藏人的思惟方法》一〇二頁所引）

從此之後，西藏的佛教，即以印度晚期主知的佛教為主流。論理的性格極強，對因明論書的翻譯，竟達六十六種，其中有六十三種未被譯成漢文，可見漢藏佛教之間的偏重與偏輕之所在了。

第四節　佛教的隆盛與破滅

徠巴贍王與甥舅碑　吃㗖雙提贊王時代，佛教雖已盛大，然其仍為草創階段，例如傳譯經籍，多恃口傳而無寫本，改易脫落，勢所難免，有待改訂之處甚多。而且當時的入藏諸師，體多衰邁，不勝繁劇。但是這位第三十五世的藏王，對佛教的貢獻之大，及其武功之盛，已超過前代諸王，故為西藏人奉為轉輪聖王，且以為是文殊菩薩的化身。可是，再傳三世，到三十八世藏王之際，始臻於前傳佛教的巔峰。

這位三十八世藏王，便是吃嘌徠巴贍（Khri-ral-pa-can），他的在位年代是唐憲宗元和十一年（或元和十二年）至唐武帝會昌元年（西元八一六〔或八一七〕—八四一年）。當他即位之初，嘗寇中國邊境而獲勝利；和平解決之時，漢藏雙方曾兩度結盟立碑，第二度所立的「甥舅合盟碑」，即在徠巴贍王之世，那是唐穆宗長慶元年（西元八二一年），一說是長慶二年（西元八二二年）。當時所立石碑，現仍存於拉薩，唯以年代久遠，字跡已剝蝕不可辨認，現將竺竹君抄自英倫皇家博物館的兩座碑文之一的古抄本，照錄於下，用供參考：

大唐文武孝德皇帝，大蕃聖神贊普，甥舅二主商議社稷如一，結立大和契約，永無淪替。神人俱以證知，世世代代使其稱讚，是以盟大節留傳知於後也。文武孝德皇帝與神贊普德之黎贊陛下，二聖睿哲，鴻被曉之。今永化亨矜愍之情，恩覆其無內外，商議計同，務令萬姓安泰，所思如一，成久遠大治之績。茲觀同心，以伸鄰好之義，共成厥美。令蕃漢二國所守見官封疆。洮岷之東，大唐國界，其塞之西，盡是大蕃土地，彼此不為殺敵，不舉兵革，不相侵謀。封疆或有積阻，捉生問事，設給以衣糧放歸。令社稷山川無擾，各敬人神。然舅甥相好之義，苦難每須通傳，彼此相倚，二國常相往來，兩路所差，唐差蕃使，並於將軍谷交馬。其洮岷之東，大唐供應；清水縣之西，大蕃供應。須令甥舅親近之體，使兩界煙塵不聞，同揚盛德之名，頻無驚恐之慮。行人撤備，鄉土俱安。禮無相擾之犯，垂恩萬代，則稱羨之聲，遍於日月所照矣。蕃於蕃國受安，漢亦於漢國受樂，茲合其大業耳。各依此盟誓，永不移易。當三寶及諸聖日月星辰之下，且陳形俱為盟。設此大誓約，如有不依此誓，蕃漢背約破盟者，來其禍殃也。倘傾覆以及動陰者，不在破盟之限。蕃漢君臣並稽首告立，周細為文。二君之德，萬載稱揚，內外蒙庥，人民咸頌矣。

（見於西元一九六八年《星期雜誌》五十七期）

碑文中有對「三寶」盟誓的記載，足徵此王虔信佛教。據說他對三寶的恭敬，甚至用他自己的頭髮，剪下製成坐具，奉獻僧寶為座，所以因此而得了徠巴贍之名，此名含有「有髮」之意。由他的虔誠提倡，西藏佛教及其翻譯事業，便進入一個新的里程。

譯經事業　徠巴贍王有鑑於歷來譯成的佛典，未臻完美，故派使者往印度廣事禮請延攬，並集藏土英俊，從事協助。於是群賢畢集，印度學者有勝友（Jina-mitra）、戒帝覺（Surendra-bodhi）、施戒（Dāna-śila）、覺友（Bodhi-mitra）、吉祥帝覺（Śilendra-bodhi）、喜慶戒（Ananta-Śīla）、金剛戒（Vijaya-Śīla）等有名可考者不下二十人。西藏學者則有寶護、法性戒、智軍等人，共計著名者總在三十人以上。

他們是採用嚴格組織的譯場制度。尚未開譯前，首先釐正譯語，凡為前代未經譯傳或譯不雅訓的，均加補訂。乃就大、小乘諸典所出各種名及字，審定其譯語結構，悉使與文法吻合；遇有難解的，便分析其用語，以因明論法加以解釋後，再做為紀錄；若有不能說明的，則隨其語性之所適，用意譯翻出來後，再修飾其藏文的用字；若有已經適如原意而定名者，也在文字方面，加以精鍊。由此釐定名和字而編纂成書，那便是有名的梵藏對照大辭彙，叫作《翻譯名義大集》（梵名*Mahāvyutpatti*）。

勝友等完成了這部《翻譯名義大集》之後，奏請藏王頒行，便用以校補經部的各種舊譯本，自《大般若經》初分及三、四分等，依次出經極多。論部則增譯大乘要籍，例如眾所熟知的龍樹、提婆、馬鳴、彌勒、無著、世親諸大師的論著，因而悉見流布於藏土，現存《西藏大藏經》中的顯乘要籍，大半係由此時譯出，間有舊本亦經校訂。

在此時期，佛教雖屢經提倡，傳統的苯教勢力仍強，且影響於佛教之處極多。經寂護創建以來的僧制，不但未能夠普及，反受習俗感染，戒律瀕於廢弛。此時為謀根本改革，一方限禁密教典籍的傳譯，以杜傳統的神鬼信仰，藉密教的流布而使佛教腐敗；一方則創行完密的戒律，故從印度通行之說一切有部，譯出全數戒本毘奈耶十七事及其律論，做為整頓僧制的準繩。

當時譯出的大乘經中，主要者有《法華經》、《阿彌陀經》、《華嚴經》、《維摩經》、《大日經》等。至於論典，可以現存於《西藏大藏經》中的部數做一對比，現抄呂澂《西藏佛學原論》二十五頁所列的一表如下：

	現存部數	當時譯訂部數
般若	四十四	
中觀	一五二	六十六
經釋	四十	六十
瑜伽	六十六	四十

喇嘛及厚供　徠巴贍王之世，由僧制的整頓進展到僧階的確定，王室將僧位區分為師弟三等，自上而下即是喇嘛、禪修、弟子。喇嘛的原意為上師或長老，此到本書第六章另詳。師弟三等，均由政府供養，規定民間：「以五戶之租歲給一僧，俾得安心修道，不事旁務，而僧伽律儀自趨整肅。」（《西藏佛學原論》二十六頁）；一說：「每人予平民七戶，供衣食之資。」（章嘉《西藏佛教略史》）如此供僧的規定，固見藏王的虔敬，但也不難窺知人民的負荷之重。

因此，史中雖稱：「由是藏地全境俱享康樂。」（章嘉《西藏佛教略史》）但在民間，亦不免有些怨言，於是虔敬僧寶的藏王，便下詔書：「人民嚴禁蔑視聖僧並指摘嘲笑。今後如有犯此者，應挖其目，切斷其指。」（陳天鷗《喇嘛教史略》十七頁）如其屬實，則用刑罰來禁民眾辱僧，此一辦法的本身，就已該受檢討。由此引起國民的不滿，再加上傳統苯教信仰者的仇視，遂有弒王滅佛的大悲劇產生。

但是，這位護法的君王，確以輪王的政治，化治藏民，用十善業道教導人民，同時也能以身作則。人民受惠，必係事實。又例如採用唐朝的大衍曆法，創始國家的史記，均為偉大的措施。唯其當時的諸大譯師，所學皆宗印度的晚期佛學，師法精嚴，由七眾律儀，益以瑜伽菩薩大戒；次及五明，而為大乘之集成，次第井然，博大高明。故其絕非一般民眾所能接受，何況禁止密乘典籍的傳譯，與傳統的苯教信仰，格格不入。由此諸種因素的聚會，便促成了朗達磨的滅佛運動。

朗達磨破滅佛教　吃嘌徠巴贍王以新制養僧，僧數激增，民間無不因苦於重稅，影響生計，怨恨不平，對於佛法遂起反感。王之左右，於信佛大臣病逝後，便要求國王，停止養僧，阻撓弘法，王乃鬱鬱以終，一說係為王弟朗達磨的黨羽所弒。

接著繼承王位的，便是朗達磨王，這是一位苯教徒。當他即位後，藏土發生饑饉，獸瘟天災，相繼出現。朗達磨王藉此機會，利用民間怨恨僧侶的心理，便將一切災禍的原因，悉數歸咎於佛教，因對三寶展開殘酷的大迫害：禁止翻譯、焚毀經典、摧破佛寺佛像、勒令僧侶還俗、強迫成為屠夫及獵戶，凡不從命者，均遭屠殺，極盡暴虐之能事。幾將提贊王百年以來之培養，及徠巴瞻王二十載之盛業，毀於一旦。

當時的僧侶，聞風而逃避鄰國他鄉者，不乏其人，就中有名的有逃往敦煌的法成（Chos-grub），他照常從事譯經工作，由梵文譯成藏文的有《諸星母陀羅尼經》、《般若波羅蜜多心經》，另由漢文轉譯藏文的有《楞伽阿跋多羅寶經》、《金光明最勝王經》、《賢愚經》、《千手千眼觀世音菩薩廣大圓滿無礙大悲心陀羅尼經》等；又為談迅、福慧等人，弘講《瑜伽論》；法成自己也著有《釋迦牟尼如來像法滅盡之記》，稱藏土為「赤面國」，歷記西藏佛教的史事興衰。

再說朗達磨王的滅佛運動僅僅五年，至唐武宗會昌二年（西元八四二年），即為喇嘛吉祥金剛（Dpal-gyi rdo-rje）刺死。

惡王之死　關於此事，有一段生動的描述。吉祥金剛當時正在山間幽谷的洞窟中，修行三昧，忽有一位空行母在前出現，並對他說：「藏土能在佛教中表現功德者，捨汝莫屬，朗達磨王以殘酷手段謀將佛教滅絕，今殺此非法者的時機已到，吾與汝同在，莫恐怖。」空行母言畢即隱。吉祥金剛聞悉朗達磨的破佛罪行，生起無上的大悲憫心，若不殺此惡王，他將繼續造作重罪，也將增加未來的地獄苦報，為了使他不能繼續破佛，故以大慈憫心，方便將他刺殺。

吉祥金剛找到一匹白馬，用顏料將牠全身塗黑，自己則穿上一件黑面白裡的外套，貼身藏了弓箭，騎馬來到布達拉宮之前，表演奇妙的舞蹈之戲。恰巧此時的朗達磨王，正在宮前，閱覽「甥舅合盟碑」上的文字；吉祥金剛且舞且行，低首為禮，行近國王；他一共低首三次，初次搭箭上弓，二次張弓待發，三次低首時，口中朗誦：「風環地，地環水，水滅火，金翅鳥勝水龍，金剛石穿寶石，天神制阿修羅，佛陀勝獅子王，我亦如斯殺非法之王。」言畢對準王胸，猛射一箭。王大聲而呼，兩手拔箭，倒地而亡。吉祥金剛立即將外套反穿，趁著眾人混亂之際，策馬而逃，途中經過一湖，又將馬身所塗的黑色洗去，變成了白衣白馬之人，逃過了追騎的眼目，到達安全地帶。

可是，朗達磨王死後，佛教並未能得復興，倒是因了王被喇嘛刺殺，王的親信，更加遷怒於僧徒，或被捕殺，或自逃亡，藏境僧人無一倖存。這麼一來，佛教文化固被滅除殆盡，一般文化亦同遭厄運。且於朗達磨王死後，諸子爭立，累年相爭，戰亂不已，藏境局勢，復由統一而成為分崩狀態，群雄割據，彼此殺伐。於是，全藏陷入黑暗時代，約百年之久。其間縱然有人圖謀佛教之復興，亦因內亂受阻，故在此一階段，西藏民間，幾乎已將佛教遺忘。

此一破佛運動，其時間適與中國唐武宗的會昌法難相先後，兩地的毀佛因緣，亦如出一轍。但藏土佛法傳播未久，根柢不深，驟然遭此無情的打擊，為時之久，創痛之劇，則遠甚於會昌法難了。

第三章　後傳的西藏佛教

第一節　佛教的復興

復興之前　上章末節說到朗達磨王遇刺後的西藏，即陷入黑暗時代，約百年之久。又根據黃奮生的《邊疆政教之研究》七十五頁說：「朗達瑪被刺殺後，反佛派大臣立其嫡子母堅（相傳係大妃購買之貧兒），奉佛派大臣立其庶子朗德月松（光護），因此兩黨相攻，造成西藏的大亂，政權分裂，豪酋蜂起，占山築寨以自雄，一寨保衛諸村，諸村供養此寨。酋長死後有時其妻女執政，故藏人有『寨在山上田在平原』之諺。直至唐末及五代初葉七、八十年間，在政治上回復了松贊剛布以前的部落分立狀態，在宗教上呈現了萎靡不振的現象……到了宋朝初年，佛教又漸漸復興起來。」

佛教怎會漸漸復興的呢？這還是要說到朗達磨王滅佛之時，當時在拉薩西南巴丘帕里（Dpal-chu-bo-ri）的山間，有拉普薩（Rab-gsal）、月格琴（Gyo dgeḥbyuṅ）、瑪爾釋迦摩尼（Smar śākya-muni）三人，正在修定之中，忽見山中有僧人行獵，驚問之下，始知惡王滅佛，逼迫僧人成為獵戶，於是收拾起經律書論，逃出西藏，先到霍爾（Hor，土耳其）國傳布佛教，奈何以種族及言語之隔閡，所以又留於安多（Amdo，青海省貴德縣附近）之南部。據章嘉《西藏佛教略史》所說，這三人是：「逃赴青康一帶，瑪隆朵吉札、然瓊南宗、及點迪解等地，修行之時，有見硫火光熾者，因生正信，從其剃度出家，名為善明，後心智漸開，咸稱謂思明云。」

當這位思明（Dgoṅs-pa-rab-gsal）要受比丘戒時，因為依照律制，中國（佛法盛行區）須二十比丘為戒師，邊地也不得少過五位比丘為戒師，現在他們只有三比丘，所以又請了兩位漢僧：開聞（Ke-Veṅ）、及聞（Gyi-Veṅ）。以五人僧為思明授了具足戒。從此之後，出家者漸眾，例如仲智幢、步覺幢等西康人士；又有龍祖及戒慧等「衛」、「藏」地方的人士十人，赴西康出家，然後各各回到西藏，分化一方，重建寺院，傳布佛教，各自皆有好多弟子，自成一家及至數家。這是朗達磨破佛之後，佛教由青海和西康等地反哺西藏的情形，當時雖無傑出的大師，僧眾日多，僧命不絕，卻為復興的機運做了鋪路的工作。唯其此時的佛教，「秉持密法，雜入神道，利弊參雜，未云善也。」（《西藏佛學原論》二十七頁）

密教的復興　西藏佛教的復興，先是密教（Esoteric Buddhism）其次是顯乘的復興。密乘的第一位學者是林親桑坡（Rin-chen-bzan-po），他生於西藏西部的阿里地方，正當智光王讓位出家之世（西元十一世紀末即位），王因慨於當時咒術師的墮落、耽於淫樂為佛法，所以熱忱興學，希望改革，故遣林親桑坡等二十一人，留學印度，因係步行而往，學者大半病廢中道，林親桑坡至印度，從那露波（Naropa）、蓮花護、勝友等七十人學，故於教法義海，悉通極詣，尤精怛特羅乘各部，當他歸藏之時，請回印度學者息羅達卡羅梵孟（Śraddhākaravarman）、巴迪摩卡羅笈多（Padmākaragupta）、佛陀息利辛多（Buddhaśrīśānta）、佛陀波羅（佛護，Buddhapāla）、鳩摩羅笈多（Kamalagupta）等人，攜歸論部及四部怛特羅，尤其是多種的瑜伽部怛特羅，例如《一切如來金剛三業最上祕密大教王經》等的譯出，同時又將過去譯出的怛特羅部分，重加校訂。

密乘中從前未曾譯出的典籍，此時也補譯很多。例如《吉祥上樂本續王略要》、《現說無上本續》、《瑜伽大教王經》、《吉祥月密明點大本續王》、《一切如來真實攝大乘現證三昧大教王經》、《青衣金剛手調伏三界本續》、《最上根本大樂金剛不空三昧大教王經》等等。是以密乘的復興，一時稱盛。

密乘的內容　密典翻譯完成之後，西藏佛教便分出顯密二門，自從寂護以來，西藏僧眾以戒律為規範，奉行的教義則以中觀為主的顯乘，現在由於密乘諸經的譯出，故形成為二門。顯乘為應化身釋迦牟尼佛所說，共備聲聞、獨覺、菩薩之三乘。密乘則有作密（Bya-rgyud）、修密（Spod-rgyud）、瑜伽密（Rnal-hbyor-rgyud）、無上瑜伽密（Rnal-hbyor-bla-na-med-rgyud）之四部。作密是報身金剛薩埵所說，修密及瑜伽密為報身大日如來所說，無上瑜伽密是法身普賢（Samantabhadra）所說。

作密的範圍是說的真言讀誦、供養儀式、結印法、護摩儀軌以及灌頂儀則。即是《藥師琉璃光七佛本願功德經》、《大寶廣博樓閣善住祕密陀羅尼經》、《佛母大孔雀明王經》、《普遍光明清淨熾盛如意寶印心無能勝大明王大隨求陀羅尼經》、《護命法門神咒經》等所說的法門。

修密的範圍是說三昧及灌頂之儀則，此為以《大日經》為始的密部諸經所說。瑜伽密分為如來、金剛、寶生、蓮花、羯磨之五部，說各種曼荼羅及印契。又分方便及智慧二種，方便是指《最上根本大樂金剛不空三昧大教王經》等，智慧則指《般若理趣經》等的經軌。

無上瑜伽密的主要思想是在「大樂」，也就是捨棄戒律，以飲酒、食肉、行淫等為成就最上佛道的行持。其分父密、母密、無二密等三種。其中的父密，是指《一切如來金剛三業最上祕密大教王經》、《青衣金剛手大暴惡藥叉金剛焰本續》、《無二平等最上瑜伽大教王經》等諸典所說。母密是指《大悲空智金剛大教王儀軌經》，以及《空行母》等的儀軌所說。無二密是指《吉祥時輪本續王》等所說。其中多數是由林親桑坡等請回而為新譯，特別是時輪金剛的教義，乃為印度密乘的最後產物，亦為密乘的最上法門，乃係祕密究竟之奧義。

為了這次譯出的密典，與前傳蓮華生大師以來所譯者，頗多不同，頗多增益，所以稱為新派密乘，以前的則稱為古派密乘。又合此新古二派，總稱之為寧瑪派，或稱大究竟派（Rdsogs-chen-pa）。但是，後傳佛教復興的偉業，猶待阿底峽大師的入藏而達於極峰。

阿底峽大師入藏　我們說過，朗達磨王的庶子光護王是信佛教的，光護的孫子日怙王，逃往阿里地方，依然信奉佛教，日怙王的孫子便是祥秋月（智光王）。阿底峽也是由於智光王及其王嗣菩提光的延請而到西藏。

據章嘉的《西藏佛教略史》說：智光王當時統兵征剿葛地之叛變，不幸兵敗而為賊兵俘獲，賊兵反佛，所以給智光王兩個條件，即是若非放棄佛教的信仰，便將等其身重的黃金去贖身，要他任選其一。智光王護持佛法猶恐不及，豈能反而放棄信仰，所以他的諸王子即籌贖金相贖，但是，智光王卻決定要走第三條路，他對諸子訓勉說：「我已年邁，黃金留作赴印聘師禮貲。」言畢而逝。繼為阿里之王的，是菩提光，他以為欲使藏土佛教去除垢穢和邪暗，必得聘請如日光明、精通五明的大師入藏；久聞吉祥燃燈智（阿底峽），名滿中天竺，遂遣黑肥譯師，賫黃金及無數財物前去敦聘，到了迦摩羅師利（蓮華吉祥）地方，由印度的大德精進師子引見阿底峽大師，詳陳藏土佛教的實況、昔時的盛衰，以及現時的殘缺，並謂除了阿底峽大師之外，餘人甚難有所饒益。如此敦勸再三，大師終於勉受其請。

阿底峽大師的年代，各說不一，有謂是宋太宗太平興國八年至宋仁宗至和二年（西元九八三年——一〇五五年，笠松單傳的《西藏佛教》），有說是宋太宗太平興國五年至宋仁宗皇祐四年（西元九八〇年——一〇五二年，金山正好的《東亞佛教史》二六七頁）。有說他入藏的年代是中國宋仁宗皇祐二年（西元一〇五〇年，黃奮生的《邊疆政教之研究》七十六頁），一說他入藏是宋仁宗景祐四年（西元一〇三七年，《西藏佛學原論》二十七頁），一說阿底峽於印度超岩寺受請入藏，是在宋仁宗天聖四年（西元一〇二六年，望月氏《佛教大辭典》三六一五頁下），又說是宋仁宗寶元元年（西元一〇三八年，陳天鷗的《喇嘛教史略》二十一頁），又說是宋仁宗慶曆元年（西元一〇四一年，日人楠基道抄譯的《西藏の佛教》五頁）。此真可謂眾說紛紜了！

但是，根據傳說，阿底峽入藏時，已屆六十高齡（《喇嘛教史略》二十一頁），他在藏土為時十七年（《西藏佛教略史》）。這樣看來，他的世壽是七十七歲，比前面所舉兩說的均為七十二歲，僅多了五歲，推算他的寂年減去十七，應該是宋仁宗寶元元年（西元一〇三八年）或宋仁宗景祐二年（西元一〇三五年）入藏。這與《西藏佛學原論》及《喇嘛教史略》所載，正相近合。

阿底峽的教化　阿底峽和他的弟子勃隆斯頓（Bromston）自印度先到阿里駐錫三年，次到泥塘（Sñi-than），又至衛藏，最後寂於拉薩附近的泥塘。因藏人以為他是宋仁宗天聖五年（西元一〇二七年）到達拉薩，西藏即以那年為藏土的紀元元年。

當他巡化藏土各地之時，德行所感，上下皈依，挽救頹風，樹立新範，西藏佛教的面目，一時為之煥然一變。其間復事翻譯，並且著述。大譯師林親桑坡，亦嘗從其受學，特別是根基於阿難陀迦佛（Ānandagarbha）的說明，為瑜伽怛特羅做了整理與補註。受其正法灌頂的弟子極多，衛、藏、康諸地學者，紛紛來集，親近修學，最著名的弟子則有庫頓（Khu-ton śesrab brtson-ḥgrub）、諾庫（Rṅog blo-ldan śes-rab）、冬頓（Ḥdrom-ston）諸人。

阿底峽大師著有《菩提道燈論》（*Bodhipatha-pradīpa*）、《行集燈》、《入二諦論》、《中觀優婆提舍》、《示十不善業》、《無垢寶書翰》等，現存於《西藏大藏經》中的有三十多種；其中以《菩提道燈論》為其代表作，抉擇顯密之大要，辨別邪正的界線，努力宣揚顯密貫通及觀行並重的大乘佛法。後來宗喀巴大師的宗教改革，其主要思想亦受阿底峽的理論啟導。西藏所傳密典，以及中觀派的論籍，亦因阿底峽的入藏而完成譯事，並且臻於美備。所以，阿底峽是西藏佛教史上的一大重要人物。印度佛教之輸入西藏，到阿底峽時代始竟全功。他對藏土佛教的貢獻之大，可謂前無古人後無來者。從此之後，印度佛教日趨衰亡，藏土則繼此餘緒而隆盛一時。故在阿底峽以後的西藏佛教，即由輸入階段進步到自行發展的境域，因而出現了好多派別，此乃發展時期的必然現象。

譯業的隆盛　阿底峽大師入藏以後的翻譯事業，和他有直接或間接關係的，可謂盛極一時。

林親桑坡的助手息羅婆（Grags-ḥbyor śes-rab）譯出《金剛亥母法》、《喜金剛》以及因明等書。

喜白霍特（Shi-ba ḥod）譯出阿難陀迦羅波作的《吉祥本初廣釋》，寂護作的《真理集要》等書。

深第耆那克爾第（Smṛtijñānakīrti），經尼泊爾至西康，建立《俱舍論》學系，並譯出其自著的《四座》等書。

來自迦濕彌羅的耆那息利（Jñanásri），譯出《金剛頂怛特羅》，以及法稱造的《量決擇》等書。

為《量決擇》造註的康迪羅羅呼羅（Candrarāhula）和勃尚婆（Tin-ne ḥdsin bzan-po）譯出了陳那的《集量論》等書。

奉藏王之命留學於迦濕彌羅的羅堂息羅婆（Blo-ldan śes-rab）等諸人，譯出因明等書。

無著的《大乘莊嚴經論》，寂天的《菩提行經》，在此期間流布藏土。相傳為龍樹系統的《密集》、《喜金剛》、《金剛荼迦》、《四吉祥座》、《大神變母》、《呼金剛》等密部密法之書，以及《時輪藏成就法》等，均於此時譯成。

此時又有一位西藏的大翻譯家馬爾巴（Mar-pa lo-tshā-wa，西元一〇一一—一〇九六年），他家住在西藏南部靠近不丹的羅布（Lhobu）地方，他曾三度遊學印度，嘗為那露波、摩的利巴陀（Maitrīpāda）、桑的鈸陀羅（Śān-tibhadra）、菲姆町（Phamthiṅ）等諸大密師的弟子，學得《密集》、《喜金剛》、《大神變母》、《四吉祥座》等無上瑜伽部的密法。據《密勒日巴尊者傳》中說，馬爾巴為去印度求法，將他的家產全部賣光，回來時帶了很多的經書；他的師承雖多，卻特別敬崇那露波，他說：「至尊那露波，十二大苦行，十二小苦行，大小種種二十四種苦行，他都忍受了。我自己也是不顧生命、不惜財產地來奉侍那露波上師。」可是他又說：「當我從印度把不可思議的三藏祕密、四乘心要、殊勝的口訣帶回西藏的時候，前來歡迎我的連一個老鼠都沒有。」當他在西藏成名之後，到了晚年來臨時，為了求一個「奪舍」法，又去了一次印度，拜見了那露波。這種為法忘身的精神，真是感人之極。

此外尚有很多譯師譯出了中觀、因明和密乘的典籍。

第二節　阿底峽的佛學思想

西藏佛學　西藏的佛學思想，由於時間的遞演，傳譯的師承學派，均有不同。例如最初的寂護與蓮華戒等所傳，乃係清辨系的中觀思想；其次的勝友等人所傳，則為瑜伽學系的思想；現在我們要說的阿底峽，他傳的乃是寂天和會了中觀及瑜伽的兩派之說，加上超岩寺的貫通了顯密二乘的思想。

以上三流，當其在西藏迻譯宣揚之際，固莫不各自成理而允為究竟，然於時過境遷之後，能夠不為時間所淘汰的，且對西藏後世有深遠影響的，那就唯有阿底峽一家而已。後來宗喀巴的思想淵源，固然植根於阿底峽，即使其他各派的顯密之學，亦多少與阿底峽思想關涉。所以，推論西藏佛學中的主要思想，求其足以綱維全局的，當以阿底峽為始。

阿底峽的著述，譯存於西藏的，不下三十多種。其中有專說「觀」的，如《入二諦論》；有專說「行」的，如《攝菩薩行燈論》等；至於兼說觀行、圓備無餘的，則推《菩提道燈論》，有譯作《炬論》（如大勇譯的《菩提道次第略論》等所引），此書尚未有漢譯。編著者不諳藏文，所以本節的資料，將以《西藏佛學原論》五十七至六十二頁的介紹，為主要的參考。

《菩提道燈論》之作，是在阿底峽入藏之後，因弟子菩提光之請而成，全文凡七十頌，頌文不易解，故又自作《菩提道燈論詳釋》，這部釋論，除了詳釋本頌的文義之外，更多敘出佛學的思想源流。如述小乘十八部，內敘一異之說，為他籍所未見；又說中觀的傳承著述，內敘《中論》的八註二疏，亦與常說略異。現在，就來根據這部論典，介紹阿底峽的佛學思想。

三士道的次第　《菩提道燈論》的大意，是說佛法的修行，由各人（士夫）的機宜不等而分等次，發大心者為大乘，僅發出離心者為小乘。所以，同樣是修布施及戒、定、慧等，結果卻各有不同。然而，人的根機勝劣，是由修習而成，非由無始以來即已有了不可改變的種性所致。

至於修習的進程，也是循著次第前進，不可超越躐等，否則便不能生起無上的功德。所以，本書開端的第二至第五頌，便是闡明三士的行相及其次第。所謂三士的行相次第，即是對於眾生根機的判別，以為士夫（眾生，主要是人）之向善，可分三等：

（一）有的在生死流轉之中，不以為苦，反以為樂，並且以希求自利為目的者，稱為下士。

（二）有的雖然厭棄生死流轉，並且遠離罪業，但其仍局於自利之心者，稱為中士。

（三）有的既為斷盡自受之苦，並能兼濟他人而誓願遍斷一切有情眾生之苦者，稱為上士。

以上的下士是凡夫行，中士是二乘行，唯有上士為菩薩性，堪任大乘。可是，凡夫的善業，二乘人絕不遺棄；二乘人的出離行，在菩薩性的大乘者，也必包容無遺。後後勝於前前，而又前前攝入於後後之中，這就是修行的次第。

所以，說到大乘菩薩行的正軌，也就是上士發心的法門，是基於出離心而發廣大菩提心的。因其若是專求現世的衣食名利和恭敬，尚且不能進入佛子之列，何況欲求出世之法；既不能厭離三有（欲、色、無色）的有漏界之患，一定不能發起出離三有之心；既不能成為趨向出世，豈能成為菩薩？又假如不是菩薩，不能真實犧牲自己的一切安樂而為饒益一切有情眾生者，任憑他修何種善法，都不是成佛的資糧，也不是菩薩的正行。

阿底峽將菩薩的正行，分顯密二門：以顯教的般若乘為其因，以密教的無上瑜伽乘為其果，因果之間則以發菩提心來連貫通透。其間的階次，先是顯密共行，以三皈三學為基礎。由戒得定，由定發生通慧而得以產生利他之行；然後智慧與方便雙運，也就是發大勇猛心，推展自他兼濟而重於利他的指導及行動的菩薩正行。由於悲智雙運，來積集福慧的資糧，再加上密乘的不共修行，便可速疾圓滿而證等正覺，是為菩薩行的圓滿究竟。

三皈的要義　阿底峽以三皈是進入解脫大城的要門，是發菩提心的所依。根據「普賢行願」所說，應對三寶供養財物，乃至成佛登菩提座，皆當以不退轉心七行供養；並且以決然之心三度皈命三寶而成其皈依。

依此三皈為根本，對諸有情眾生，發起大悲之心，審視考察在生死流轉中的各類眾生，他們所造的苦因為何？所受的苦果又為何？了解之後，再施予方便救拔，使他們解脫生死之苦，並使他們也能發起「無倒」的菩提之心。

阿底峽又說，發心的體相方便，古來諸師，多有異論，他是遵從龍樹及無著的二家所言，以一發心貫徹始終。或有將此發心分判為「因、果、道」三個階層的；

或有將此發心分判為「願」及「入」兩個層次的。總之，一切的精進與廣學，不外乎充實增長這個發起的菩提心而已。

三皈既是如此地重要，所以，在《太虛大師全書》第三十一冊《文叢》一三七八頁，載有一篇關於阿底峽說三皈的短文：有一次班禪喇嘛告訴戴季陶居士說，阿底峽祖師由印度入西藏後，周遊全藏，處處講說，閱三、四十年（誇大了）；所講說的，唯是皈依三寶。後來有一處，到會聽法的人都是緇素高德，阿底峽所講的，仍只是皈依三寶。座中即有很多人感到沒有興味，所以站起來請求大師：「我們聽上師說皈依三寶之義好多次了，我們均已知道，祈求另示甚深法要。」阿底峽的答覆是：「我是從印度來的佛弟子，只知皈依佛、法、僧，故亦唯說皈依佛、法、僧，不知除佛、法、僧外更有佛法；你們西藏若於佛、法、僧外更有深玄要妙，那就不是我所知道的了。」

這則傳說，頗類於白居易向鳥窠禪師問法，僅得「諸惡莫作，眾善奉行」兩句平常話的公案。一般人好高騖遠而不切實際，殊不知要是三皈不落實，一切的深玄要妙，均無用處。因為皈依三寶的作用，是在確立堅定不移的信心和敬意，若不先有敬信，哪能談上修行。

太虛大師據此而推定西藏的喇嘛教，皈依上師，亦不過是由上師而得皈依三寶，並不如一般學藏密者謂有四皈依，除三皈三寶之外，尚有皈依上師。實則，西藏確有四皈依，詳見本書第六章第一節之介紹。

三學的要義　三學即是三無漏學，又稱為三增上學，現在逐一介紹如次：

（一）增上戒學：阿底峽以為，聲聞七眾律儀應與菩薩律儀並行，唯有經常具足七眾波羅提木叉（別解脫戒）的人，乃可獲受菩薩律儀。於聲聞七眾之中，依佛所說，以清淨梵行的比丘為最殊勝。這是說小乘戒以比丘最高，要受菩薩戒，又得首先受持聲聞的七眾戒。由這聲聞戒為基礎，再遵從無著（漢譯謂彌勒造）《瑜伽師地論》的〈菩薩地戒品〉所說的儀軌，正受菩薩戒。若無著的菩薩學處，仍有未盡之處，則參用寂天的《大乘集菩薩學論》（漢文有宋代法護等的譯本，但謂法稱所造）。

（二）增上心學：此又稱為增上定學，由戒生定，定的產生則有好多支分，如若壞失支分而修習禪定，便是徒勞無功。所謂支分，詳見於覺賢的《禪定資糧品》所舉，共有九分，但是修習禪定的方便，尚不在其中。所謂九分，便是：1. 應離魔業，2. 以聞為導，3. 遣除戲論，4. 不貪廣說，5. 於相作意，6. 念定功德，7. 勤行對治，8.和會止觀，9.住食諳知方便。具備了此九個條件之後，至於如何善巧方便地實際修定，均有待於師授，因其已非文字所能盡述。

（三）增上慧學：定是一種「止」的工夫，但是，若僅修止，仍不足以此斷除業惑異熟法等之障，故尚須加上「觀」的工夫，那就是般若及瑜伽所說的慧學。然而，僅有智慧尚不能達於究竟，必須加上「方便」始成，如果智慧與方便相離，不唯不得究竟，倒能成其繫縛。什麼是方便？什麼是智慧？古來也有異說，阿底峽是依據覺賢的解見，把六波羅蜜分作二門：1.布施、持戒、忍辱、精進、禪定，屬於方便；2.般若屬於智慧。以方便為增上而修智慧，趣證菩提，即無障礙。可知，此一慧的內容，即是修行六波羅蜜。

如何修慧與修密　智慧的目的，是在悟入五蘊、十二處、十八界等的無生空性。要想入此諸法無生的性空之智，可由二門：一由理成，二由教證。所謂由理而成，可有四個因明論式：

（一）「四邊遮遣生法」論式：所謂「有則不復生，無則如空華，並則有俱失，故亦不得生」。

（二）「金剛句」論式：所謂「物不從自生，不從他及俱，亦非無因故，由自體無性」。此為龍樹所說。

（三）「離一多」論式：所謂「於一切諸法，依一多分別，體性不可得，故無性決定」。此為寂天所說。

（四）「緣生」論式：所謂「眾因緣生法，我說即是空」；「諸法性空，是緣生故」。此在龍樹的《中論》及《七十空性論》等，都有說到。

這些論式，均為已得悉地（成就）者所立的宗義，因為明白了一切法的自性不可得，故能修習無我觀，這種修習便是智慧。一切法均依分別而起，均以分別為自性，現在所說的這個智慧，乃是依無分別而修成；諸法因緣生，自性不可得，所以是無分別的。既依無分別而修，所以能夠斷離一切執著，達於最勝的涅槃境界。

以上僅就道理而論成無生之義。至於佛說的經咒之中，開示此一無生空智的地方，那也很多，依佛教說而成此義，便是由教而證了。

依照戒、定、慧三增上學，次第修行，便可漸次獲得煖、頂、忍等加行位，以至升到極喜地，乃至不久可成無上菩提。由此可見，阿底峽告訴我們的成佛之道，並不複雜，也不困難。

當然，以上是就顯密共通的修行法而說。如要更進一層，起修密乘不共之行，阿底峽以為，那就可以速疾圓滿。由顯入密，不必另外發心，只要從一切共同的陀羅尼儀軌（息災、增益、降伏、呼召等八種）開始修起，進而一直修到無上瑜伽等的本續（即是怛特羅，是泛指密乘的經典），藉著各種真言的神力可得寶瓶、寶劍、隱身、如意樹等八大悉地，便能疾備資糧，即登正覺，此即密乘倡導的即身成佛之說。然而，密乘欲求速疾圓滿、即身成佛的大法，若非由阿闍黎灌頂加持，縱然學會其修行的密法，還是不得受用。故在求法之人，應竭盡財物供養金剛上師（阿闍黎），獲得上師欣悅之後，才得蒙受灌頂，一受灌頂，即可罪業清淨，堪任悉地了。至於密法如何修行，也像修定一樣，應向阿闍黎親承教授，乃非文字所能詳述。

阿底峽的思想淵源　阿底峽的佛學思想，大抵已如上述，至於他的學承系統，是出於金洲及覺賢兩位大師，此在他《菩提道燈論》第六頌及《菩提道燈論詳釋》中已有說明：「金洲之學，傳自慈氏、無著。覺賢之學，傳自文殊、寂天；寂天傳自龍樹、提婆、清辨、月稱。」

這樣看來，阿底峽是兼帶傳承了龍樹及無著的兩家之學。我們知道，龍樹、無著的思想，在印度流傳之初，乃是一脈相承的，到了清辨，始建中觀旗幟以與瑜伽對抗，門戶相峙，久久不已，後起學者發覺兩派各有偏重，所以抉擇取捨，而有阿底峽這麼一位代表人物出現，其實，上章已經說到，寂天也非中觀子孫，乃是兩家之外的別出一流了。若就阿底峽的立論而言，寧屬於中觀系下，所以他釋三增上學中的心增上學，是採覺賢的《禪定資糧品》；於慧增上學，也獨宗諸法無生性空之說，他所舉的四個論式，亦大多出於中觀家言。在他的《菩提道燈論詳釋》中更引據古德著書，以為無著但解佛教之異門。可徵他的宗旨偏於中觀，僅將中觀系中不詳備的地方，檢取唯識學系的東西，以資補苴，例如他釋大乘發心及增上戒學，皆取無著所傳之書，因為中觀諸籍，對這方面的內容比較貧乏。

再說阿底峽對密乘次第的看法，他是根據《智慧金剛普集本續》的分判，將密典分作七類：

（一）作密：是指一切陀羅尼明王儀軌等的行法。

（二）修密：是指《大日經》、《金剛手灌頂》等所示行法。

（三）證密：是指《救度母出現三昧耶安立》等所示行法。

（四）兩俱密：是指《幻化網》等所示行法。

（五）瑜伽密：是指《攝真實性三世勝現證王》等所示行法。

（六）大瑜伽密：是指《密集》、《明點》、《黑赤地獄主》等所示行法。

（七）無上瑜伽密：是指《上樂》、《虛空等量》、《金剛空行》、《金剛四座》、《大幻化母》等所示行法。

在此第七類的無上瑜伽之中，尚未出現「時輪」（Kalacakra），可知阿底峽的密乘思想，仍是印度超岩寺初期的宗風，後來則以時輪金剛為最上行法。

由阿底峽入藏而開甘丹派，由甘丹派又分出了許多派，共計有七系二十一派，此便是下節的主題。

第三節　西藏佛教的宗派

甘丹派　在朗達磨王滅佛前後，西藏佛教尚未分派，自阿底峽到了西藏，始有派別出現，此在寂護與蓮華生入藏之後，約三百年了。前節所稱共有七系二十一派，也就是七個大派之中又有分出的支派，所謂七系，除了阿底峽以前所傳的總稱之為「寧瑪派」之外，其餘六大系，均與阿底峽有關係。現在先將派系關係，列一略表如下：

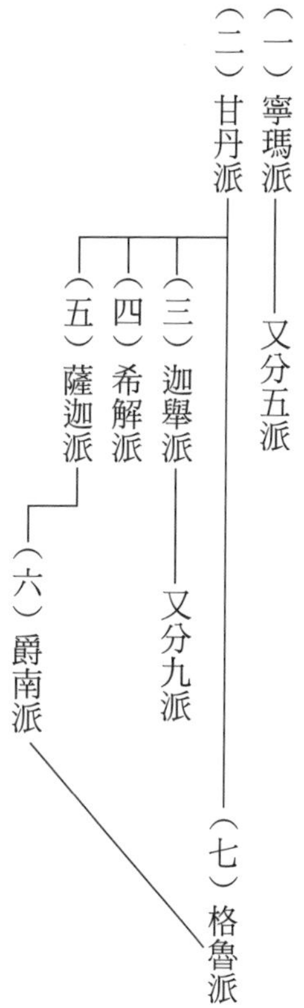

阿底峽在西藏的工作，乃有感於當時佛學界思想的混亂，所以希望依據印度通行的學說，給西藏佛教來一次統一。故其對於西藏佛教的改革，也不過是以純粹的印度新思想，來更換藏中神道混雜的思想而已。

當阿底峽的學說，由其高弟冬頓（西元一〇〇四—一〇六四年）繼起弘揚，針對舊傳密法的專尚咒術者，別立宗義，稱為甘丹（Bkaḥ-gdam-pa），甘是聖教，丹是教誡，合稱即為「一切聖教皆資教誡」。他判三士教攝一切法，又奉釋迦、觀音、救度母、不動明王之四尊；修習《菩薩地》、《經莊嚴》、《集菩薩學》、《入菩薩行》、《本生鬘》、《法句集》之六論；以及作、修、瑜伽、無上瑜伽的次第四密。他以《上樂》、《密集》為最極致。他的思想，組織精嚴，昔無其匹。由此有甘丹派而開了藏土佛教分派的先河。

寧瑪派　寧瑪派（Rñiṅ-ma-pa）又稱為古舊派或大究竟派，這是由古派前傳蓮華生以來的密乘，加上後傳密乘新派，合而為一的通稱；這是密教與苯教混合的佛教，所以不重戒律，專持密咒，以無上瑜伽為其究竟；不如阿底峽以後的密乘那樣重視顯教，故其崇拜法身佛普賢。此宗的修學次第，分有九乘；又分顯密二類；再分應身（梵文 Nirmāṇa-kāya，西藏文 Sprul-paḥi sku）、報身（梵文 Saṃbhoga-kāya，西藏文 Ioṅs-pyod-rdsogs-paḥi-sku）、法身（梵文 Dharma-kāya，西藏文 Chos kyi sku）的三佛所說；密乘之中也分外道密與內道密。現在列表說明如下：

- 顯乘——應身佛釋迦牟尼所說
  - 聲聞
  - 緣覺
  - 菩薩
- 密乘
  - 外道密——報身佛金剛薩埵、大日如來所說
    - 作密
    - 修密
    - 瑜伽密
  - 內道密——法身佛普賢所說
    - 大瑜伽密
    - 無比瑜伽密
    - 無上瑜伽密

（以上合為）九乘

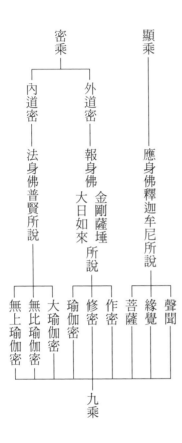

此派以為顯教三乘是人人皆可領受的，密教的外道三乘須由受了祕密灌頂的人修行，內道三乘更須經過上師授了各部大灌頂的人始可修行。此派行持從俗，不守律儀，以為觀念修法，即自然顯現淨智，契現空理而得解脫。

此派之下的支派，較著者有：拉尊派（Lhlatsün-pa）、噶爾托派（Kartok-pa）、那達派（Na-dak-pa）、敏珠林派（Mindollin-pa）、多吉札派（Dorje-tak-pa）等。此類支派名稱，係以各派的創始人或其代表性的寺院之名為名，例如拉尊派、噶爾托派皆取創始人之名，敏珠林派、多吉札派則取寺院之名。

迦舉派　迦舉派（Bkaḥ-brgyud-pa，又稱迦爾居派、噶舉派）的創始人是馬爾巴，他曾三遊印度，師事阿底峽，也是最後受密乘之學於超岩寺那露波之門的人，得承金剛薩埵、娑羅訶、龍樹以來的密乘直傳，如此創行一派，故名迦爾居，意為「教敕傳承」。他精習瑜伽密的「密集」，和無上瑜伽密中「喜金剛法」、「四吉祥座法」、「大神變母法」，尤其對空智解脫合一的「大手印法」（Mahāmudrā），最能洞其奧蘊。馬爾巴是一位大譯師、大成就者，但他不是比丘，他有妻有子，現處居家而常修梵行。所以由他傳出的弟子，多半也是在家人，他的嫡傳高弟是密勒日巴（Mi-la-ras-pa）。

密勒日巴（西元一〇三八—一一二二年，一說是西元一〇五二—一一三五年）的事蹟，由於一位「西藏瘋行者」為他寫了一部非常優美的傳記，而使他永垂不朽，並已譯成了世界好多國家的文字。漢譯部分也由張澄基教授譯出，現已被收入《中華大典》之中。據張氏漢譯本《密勒日巴尊者傳》一頁的序言中說：「他的生平像一首動人心弦，可歌可泣的史詩，他的詩歌是至精至要，千古不朽的教言。在修持上，他的造詣可謂獨步古今，比起其他許多佛教的聖哲來總覺有過之無不及。他說的法是人人能懂的，直接了當的。」又說：「密勒日巴所修的宗派和法要是所謂『無上密宗』，但他的作風和精神處處顯示出原始佛教中的樸實，堅苦，與實踐。他的言行和那些搖鈴打鼓眩人眼目的密宗行者全不相同。許多地方都有點像似個禪宗的行者。他的詩歌中處處說般若，談心性，讀來全似禪宗的口吻！」又說：「密勒日巴尊者對佛法最偉大而不共的貢獻，是以自己的生平來說明大、小、密三乘的不可分離性。」

密勒日巴的傳記告訴我們，他的一生分為兩個階段：先因七歲喪父，為報叔父及姑母的吞產之仇，所以學了咒術殺人及降雹之法，使他造了黑業。繼而生悔，所以求學正法的白業。但在上師馬爾巴座下，上師為要清淨他的罪業，故意給他苦行，修房子，修了拆，拆了再修，共歷八次大苦行和無數小苦行。終於罪業清淨，受了灌頂和修持的口訣。他以苦行聞名，又以美妙的歌聲化人，留有一部《十萬歌集》（*Grubum*），迄今傳誦於人世。他未受比丘戒，但當弟子們問他為何不跟馬爾巴上師一樣地蓄妻生子，他的回答是至尊馬爾巴為了度眾方便，他卻沒有這個必要。

九支派　密勒日巴的弟子很多，據說得大成就者二十五人，其中如心的弟子八人，如子的弟子十三人，如女的弟子四人。集此一派學說之大成者，則為其高弟達保哈解（Dwag-po lha-rje，西元一〇七七—一一五二年），他初學甘丹派，著有《菩提道次第隨破宗莊嚴》，是以阿底峽的《菩提道燈論》和會了密勒日巴的「大手印法」而宣揚。視其思想，乃是取乎佛護的中觀之說為解釋的根據。後來，由於此派流布地方漸廣，傳習的觀法，亦次第差殊，遂又分為九小派：

（一）達保哈解自成達布派。

（二）達保的弟子求松肯巴（Dus-gsum-mkhyen-pa）開出迦爾瑪派（Karma-bkahbrgyud-pa），以迦爾瑪寺（Karma-lha-ldan）為根本道場。求松肯巴既死，又轉世再來，為此派第二祖，以後即遵沿此制，所以，活佛轉世的制度，即由此派創始。此派於明朝最盛，其第五世嘗與永樂帝友善，並且曾收宗喀巴為弟子。

（三）潑結木九巴（Phags-mo-gru-pa）開出潑結迦派（Phags-gruḥi bkaḥ-brgyud-pa）。

（四）拉馬新（Bla-ma shan）開出新吒兒派（Shaṅ-tshal-pa）。

（五）潑結木九巴的弟子林青（Rin-chen-dpal）開出地康派（Ḅdri-khuṅ-pa）。佛元一七二一年於拉薩東北百餘英里建立地康寺。

（六）金巴日巴（Stsaṅ-pa-rgya-ras-pa）開出路結派（Ḥbrug-pa），以隆獨寺（Kluṅrdol）為其根本道場。

（七）大吉隆壇（Stag-luṅ-dam-pa）開出大隆派（Stag-luṅ-bkaḥ-brgyud-pa），建立大隆精舍，傳其法燈，以迄於今。

（八）達爾馬騰（Dharma-bdaṅ-phyug）開出勃隆迦派（Hbad-ron bkaḥ-brgyud-pa）。

（九）林普起吒（Rin-po-che-rgya-tsha）開出杜普派（Khro-phu-bkaḥ-brgyud-pa），這是九支派中最後開出的一派。

如果第一個達布派算作迦爾居派的本系，則可另加一個由耶息生結（Ye-śessen-ge）開出的耶禪迦派（Gyaḥ-bzaṅ-bkaḥ-brgyud-pa）。

杜普派中曾經出有一位大學問家布頓（Bu-ston-rin-chen-grud，生於元世祖至元二十七年，西元一二九〇——一三六四年），精通顯密兩教，博貫五明諸論，整理大藏，註解要典，於戒律及密乘，他均有所創獲，因其立說平允，極受後世學者的宗崇。他有一部《善逝教法史》，有人譯為《印度西藏佛教史》，完成於元英宗至治元年（西元一三二一年），當時他僅三十四歲，但是此書極受後世學者重視；書分前後兩編，前編總論佛說及印度佛教傳流的歷史，後編敘述西藏佛教史並附《大藏經》編目，故又稱為「語寶目錄」或「大目錄」。這也是藏文藏經最完備精審的一部目錄。有關此目錄的內容，待到第五章再介紹。他的《布頓全書》達二十五帖四百一十三部之多。因他對於佛法貢獻極大，故被稱為「布頓一切智者」；後因他住於夏拉寺（Sha-lu），故將此派又名為夏拉派。

希解派　希解派也是甘丹派的一個分支，類似迦舉派。此派出現較晚，是以元初南印度伽拉新陀（Jarasindha）地方的大阿闍黎巴敦巴桑結（Pha-dam-pa saṅsrgyas）為創祖，他經迦濕彌羅至阿里而遊於藏土者凡五次。後以西藏隱士馬貢（Rma-sgom）等為其法統的繼承人，這是行腳僧的一派。此派學系出於超岩寺，立說要點在以密乘滅除人生之苦惱，所以希解之意即是能滅。因其詞意淺顯通俗，流傳極廣。至於此派所奉行的怛特羅（密典），分有初、中、後三類，有《除滅三燈》及《夜魔帝成就法》等。

爵南派　爵南派（Jo-nan-pa）之建立，約在西元十四世紀之初，由圖解宗都創立，亦承甘丹派的祕密新說而加以略微改變者。建立爵南寺為其根本道場，所以稱為爵南派。至明朝神宗萬曆年間，此派出有一位大學者多羅那他（西元一五七五—一六三四年），博學能文，兼通梵語，乃為西藏譯經家之殿軍；他著有一部《印度佛教史》，極受學者推崇。書成於明朝萬曆二十六年（西元一五九八年），共分四十四章，敘述佛滅後的佛教史事極詳，尤其自二十三章以下，皆敘印度佛教的晚期史實，多為漢土未傳的資料。但至清初以後，此派的第五世大喇嘛，即改流皈宗於宗喀巴的格魯派，故今此派已經不傳了。因為多羅那他晚年巡化外蒙古，寂於庫倫，世世轉生即為黃教的哲布尊丹巴活佛。

薩迦派　薩迦派（Sa-kya-pa）為西元十一世紀之初的袞曲迦保（Ḥkhondkon-mchog-rgyal-po，生於北宋仁宗明道二年，西元一〇三三年）所創，他先從譯經家釋迦智受學顯密諸典，後於薩迦（Sakya，後藏日喀則之西四十八英里）地方，建立寺院，聚徒講學，故稱薩迦派。此派學說，是以清辨系的中觀思想，做為解釋密乘之本義；又以顯乘的菩薩五位（資糧、加行、見、修、究竟），與密乘四部（作、修、瑜伽、無上瑜伽），對合而修，以為修此即自然修彼；於是在加行位中的煖、頂、忍三昧耶斷所取惑，世第一法三昧耶斷能取惑；同時以菩薩智慧本性光明照耀而入大樂定，此即達成顯密融合的境地了。其次的各位所修，例此可知，不必多舉。此種學說，不盡出於印度，而是另屬於迦濕彌羅的班禪（Pan-chen，大有智慧者）釋迦師利一系所譯傳的思想。因其與過去藏土所有的密乘之學大相逕庭，故又和古傳的寧瑪派相對，名之為「新學」。

以上所述各派，除了甘丹專事教化而外，其餘均有勾結土豪、干涉政治、濫用勢力的事發生。迦爾居派曾經攬握藏中政權，薩迦派與政治關係尤密。此派娶妻生子，以為法嗣，開祖之子孔迦寧保（Kun-dgaḥ sñin-pa）為第二祖時，嘗由元之成吉思汗給他西藏的統治權，並且受命於蒙古開教。到了第四祖孔迦嘉贊（Kun-dgah-rgyal-mtshan），學問精博，應元帝庫騰汗召入朝，並被尊為帝師，他的姪兒發思巴為薩迦五世。幼極聰慧，長而博學，元世祖即位，入朝為帝灌頂，亦受國師封號，稱為大寶法王。當他歸藏之後，統一了藏土政權，臣屬於元朝，寂後被元朝諡號「皇天之下一人之上宣文輔治大聖至德普覺真智佑國如意大寶法王西天佛子大元帝師」，尊榮如此，可謂至極。因而西藏喇嘛亦隨著元朝勢力到了中國內地。僧眾倚勢驕縱，流弊至深，於是即有革新西藏佛教的宗喀巴應運而生。

宗喀巴所創者，為格魯派（Dge-lugs-pa），此到下章介紹。

紅黃白黑四大派　以其衣冠的顏色來分別西藏佛教的宗派，乃是通俗的看法。其實，在宗喀巴以前的西藏佛教，均可納入紅教之下，也就是說，除了格魯派，以上所舉的其他二十派，無一派不是紅教，他們的僧侶或喇嘛，均披紅色衣戴紅色帽，故稱紅衣派或紅帽派（Sha-dmar）。在宗喀巴之前，紅派盛極，後來由於內在的腐化加上黃派掌握政權以後對他們的壓力，所以日漸沒落；但在今日的尼泊爾，仍是紅教喇嘛的化區。後來，藏土的紅教也在各方面做了修正，已不復昔日的腐敗了。

黃教便是指的宗喀巴的格魯派，當他提倡宗教改革之際，為了有別於舊派，故將衣帽染為黃色，所以稱為黃衣派或黃帽派（Sha-gser，這個黃色的原因，西藏有兩種姑妄信之的傳說：一說宗喀巴說教時偶爾把帽子反裡而戴，後來就以帽裡的黃色為誌；一說宗喀巴染衣時，其他色料均不成，獨有黃色鮮美，遂用黃色），今日的達賴與班禪，便屬此派，在二十世紀上半葉，黃教是藏土總攬政教大權的領導階層，也是實力最強大的一個宗派。

白教的產生時代，約與黃教相先後，有說原亦苯教之一派。然據白教自稱，也是迦爾居派的一流，例如金安一編的《密宗輯要》所說：「噶居巴（迦舉）通稱白教。」又說：「白教祖師中，不完全是出家人，二、三、四、五代祖師，均係在家白衣。五祖密勒日巴與其弟子常著白衣；復由於信奉白教之白衣，並不少於出家之喇嘛，故人皆以白教稱之。」此派雖以在家居士為主，卻因紅教的頹敗而趁機興起於後藏，高樹護教旗幟，嚴淨戒法，顯密兼弘，而以密乘為其指歸。然當黃教大盛之後，白教便趨於衰微，據說迄於二十世紀上半期，僅在後藏部分地區有八千餘人信奉白教。現將太虛大師對白教的看法，錄下參考：

頃閱蓮菩提譯之西藏白衣派——西藏有紅、黃、白、黑四派，傳除黑派為外道，餘皆佛教，明行道六成就法，自稱乃特出於密宗道次第無上部以上之密傳。核之，亦為無上部中所含之行法，但就其所側重點特殊發揮，自標其勝——紅衣派應更別有自標其勝之處，其實則大同小異而已。中以「靈熱成就」為特要基本，餘五皆依據之。「幻觀」、「夢觀」甚平平，「淨光中陰」為最上成就，然亦為紅、黃派所共，「轉識成就」同作密之彌陀法，不過易彌陀為金剛大持耳。觀於「意變勝慧女身段」，頗能說明藏密無上部皆修欲樂定之祕密。

（《太虛大師全書》第三十冊《文叢》七八五頁）

黑教本為苯教外道，祀奉天地日月、星辰雷雨、山川陵谷，乃至一切萬物。以詛咒禳祓為事，崇尚巫術，以降神為大祭。他們的衣冠皆黑，故稱黑教。佛教興起後，把它呼為苯（Bon）教，顯有視為「外道」、「異端」的輕藐意味，因為Bon這個字的發音，正好和蒙古人稱「男巫」的音一樣，這表明黑教絕對不是佛教的宗支。然受佛教影響，黑教也分為左右兩派：左派近乎黃教，持戒重律，右派近乎紅教。現僅後藏薩迦及西康青海毗連地區三十九族部分信仰。無疑地，黑教的寺廟經典，以及有僧侶也有崇奉的祖師（智慧大師，藏語為丹巴喜饒）等等，是佛教的影響。

根據吳忠信於民國二十九年（西元一九四〇年）提出的「入藏報告」中，所記藏土的主要寺院計七十二座，紅教列有七座，黑教兩座，白教僅一座，黃教占了六十二座。可見西藏各派宗教之中，黃教是後來居上，黃教之能如此，原因並不僅在於政治權力，乃在它有深厚的學術基礎，此到下章再講。

第四章　宗喀巴及其佛學思想

第一節　宗喀巴的生平

由出生至參學　宗喀巴（Tsoṅ-kha-pa）的年代，也有異說，有謂生於中國明成祖永樂十五年（西元一四一七年），有謂此是他的寂年；有謂生於元順帝至正十七年（西元一三五七年），寂於永樂十七年（西元一四一九年）；又有說是生於至正十三年（西元一三五三年）。總之，他是活動於永樂年間的一位大師。

宗喀巴出生於青海省湟中縣（西寧附近），即是住於宗喀地方的安多族人，原名羅桑札巴（Blo-bzaṅ grags-pa），後以他的出生地為名，故稱宗喀巴。他的父母頗窮，僅有二十頭牝羊及若干犛牛的財產。據說，一日其母浴於河，忽感胸中不適，昏倒於一塊大石上，此石刻有世尊的讚偈，不久便生下宗喀巴。當他出生時，即有白髯，容貌莊嚴，舉止亦不似幼童，他雖寡言，每言則均含深遠的智慧。因此，傳說他三歲即出了家。初由來自西藏的高僧，因器重而為之教育。一說他是七歲出家，一說十四歲出家，一說十七歲時進入西藏的文化中心，追隨好幾位有名的學者，受學俱舍、般若、唯識、因明、戒律等之顯教，同時也學了密教。

他曾學於迦爾瑪派第五世之門，又於不丹附近羅札（Lho-brag）地方的南迦丘宗（Nam-Mkhaḥ rgyal-mtshen）門下受教，後傳冬頓之下七十八代僧主丘結桑巴（Chos-skyeb bzaṅ-pa）的法位，而紹甘丹派的正脈。一說他十四歲那年是出家於札什倫布（日喀則）的薩迦寺。實際他是繼承甘丹派的正統，旁接迦舉派下杜普派的布頓學說，所以他被稱為新甘丹派的創始人。當然，宗喀巴的學問，是包羅西藏佛學的全部，不能以某一派的源流來局限或範圍他的。

不過，當宗喀巴的時代，西藏佛教由於與政治混雜，且因僧人的帶妻生子，並以兒子做為法嗣，所以顯教不受重視，戒律尤其廢弛，僧人競以密法做為惑世之術，吞刀吐火，移山填海，盜名欺世，道德淪喪，風教敗壞。宗喀巴有鑑於此，他雖出身於紅教的基礎，卻覺得這樣下去，絕非眾生之福。他以為類似的密術，乃為助道之行；道本唯心，若心道不立，術必無依。吞刀吐火乃光影間的幻法，應機而用，自無不可；若捨菩提道心而專一為之，則於世道人心，自度度他，不獨無益，且是為害無量。所以他立志要改革西藏的佛教，終於竟其全功，乃被史家比擬為西藏的馬丁．路德。其實這個比擬很不恰當，馬丁．路德的基督教革命，是把獨身的教士變成了公開結婚的牧師；宗喀巴的佛教改革，乃是把世俗化了的在家喇嘛，變為清淨梵行的比丘生活，兩者是適巧相反的。

改革運動　宗喀巴在參學訪師之後，曾有一段時間隱於大雪山中的人跡不到之處，潛修苦行，雖其父母亦不晤面。嗣後出山到拉薩，便開始了他的弘法興教的運動。

由於他的真修實學，出山不久，高名大著，由西藏各地慕名來集的弟子達千餘人。正由於他的熱心提倡改革，遂與守舊派發生摩擦，他的教團愈來愈大，引起了薩迦派的大喇嘛的注意。據傳說，大喇嘛欲知宗喀巴的改革主張，是否真有奧義，所以特召宗喀巴晤談，宗喀巴卻拒不前往，大喇嘛只得親自去見宗喀巴，並期以他的權威能使宗喀巴皈向於他。

想不到這一趟晤見，反而促成了宗喀巴更高的德望。大喇嘛盛設儀仗，但他進入宗喀巴駐錫的僧房之際，一不留神，所戴的紅色僧帽忽然落地，此為失敗的先兆。

當時宗喀巴結跏趺坐於毛氈之上，手持念珠，並不理睬盛儀而來的大喇嘛。大喇嘛不暇計較，乃開始談話，欲證舊派教義實較革新派優越。可是，宗喀巴並未答覆他的論辯，竟然大聲喝阻他繼續未完的論詞，向他說道：「汝真為一徒事空言的頑迷之徒，汝正以指殺虱，我聞其號叫與苦悶，我正因此而悲。」原來大喇嘛邊在談話邊在捉虱子，用指壓殺，忘了佛陀設教，戒殺第一，故使他於言下大驚，不知所對；乃拜伏宗喀巴之前，承認他比自己更優越。從此之後，宗喀巴的改革事業，不再受到阻撓，迅速弘遍西藏。

這一傳說，既使我們敬佩宗喀巴的改革宗風，也使我們了解西藏佛教重理性的風格，一旦理屈，便甘拜下風。

改革的成就　宗喀巴改革之後的僧團，最顯著的是一律黃色衣帽；在印度，比丘有衣無帽，僧帽則為寒地所需，律中也有明文。西藏的僧帽形式，據說是由苯教師的黑帽而來，此與薩滿教巫師的神冠有關。近世有人將西藏喇嘛的高尖帽與羅馬天主教主教的高冠對比，認為是西藏受了天主教的影響，實則天主教與喇嘛教，都是受了薩滿教及其流類的影響，同是游牧民族的宗教產物。

黃色雖非佛世正規，純紅也非衣制之常。元朝的紅教喇嘛盛行，元世祖遂有

「賜講經法師紅袈裟」的事例，這是漢僧披搭大紅祖衣的來源；到明初，規定「禪僧衣褐，講僧衣紅，瑜伽僧衣蔥白」。明代重禪，也重黃色，所以太祖曾賜遂初法師「金縷僧伽梨」；賜雪軒禪師「金襴衣」（均見《釋氏稽古略續集》）。元朝重紅色，明朝重黃色，宗喀巴活動於明世的西藏，主實際修學，斥眩惑浮誇，他取明朝所重禪師的黃色，正合其宜。同時，南傳佛教也尚黃色。以此可見，傳說宗喀巴因為帽子偶爾反戴，或因他色染衣不成，始用黃色，似不可信。

宗喀巴以前的喇嘛僧侶，擅長術數變幻者，比比皆是。我們從《密勒日巴尊者傳》中，就可得知喇嘛之中，不乏放咒殺人、興雲降雹、趕鬼治妖的人物。宗喀巴便禁止了這些吐火吞刀、傷身害物的異門術數。

至於教化方面，宗喀巴及其大弟子們，均用和平方法，身教、言說、辯論，引導廣大的群眾皈信。他及他的學侶，都是持律唯謹的清淨比丘，比起舊派喇嘛的蓄妻、生子、酗酒，高尚得多；何況宗喀巴的學侶，均有廣博的佛學知識，精通顯教，熟諳五明，深窺密乘之奧。故在任何方面，均非守舊各派能及。

藏人深信宗喀巴是文殊菩薩的化身，所以中國五台山文殊道場之成為黃教聖地之一，並非偶然；又信他是阿彌陀佛或金剛手的化身，所以由於他的應化，甘丹各派人士，多有向他集中之勢。據說，第一次大集會，黃衣喇嘛即達萬二千人，那便是以元月十五日為中心的每年一度傳召大集會之起源。

在他晚年，於拉薩東北東約三十五英里的山中，創建噶勒丹寺（Dgah-ldan mam-par rgyal-ba），組織大僧團。噶勒丹意為兜率天，藏人信仰阿底峽居於兜率天，故求往生兜率天的多於求生阿彌陀佛淨土。後來由此寺名而以音調轉為此派的派名「格魯巴」（Dge-lugs-pa），其意本為噶勒丹派的學者，在讀音上又為律的奉持者，故又可譯作「德行派」。因宗喀巴嚴格遵守一切有部律的二百三十五條比丘戒，不蓄妻，不食肉，不飲酒，並制定比丘必備的缽、坐具、大衣（外套，Zla-gam）、黃色袈裟、黃帽，除帽係沿襲藏土苯教者外，餘皆印度古制。

另由宗喀巴的弟子斂樣於明成祖永樂十二年（西元一四一四年），在拉薩之西約三英里處建哲蚌寺；另一高弟斂欽於永樂十五年（西元一四一七年），又在拉薩之北約三英里處建色拉（Se-ra）寺；尚有他的大弟子根敦珠巴（後來的達賴）於日喀則建了札什倫布寺。合前面的拉薩三大寺，成為格魯派的四大寺院。著名的弟子尚有接插、凱珠（後來的班禪）、給勒杯桑、杯丹也、釋迦也失、達爾麻仁欽等。

宗喀巴既是佛教的大修行者，也是佛學的大研究者。他是西藏佛學由古到今的第一集大成者，故其著書極豐，他的全集計有十八帙百六十六部，現在日本的東洋文庫中，備藏有他的全集。他的中心思想，則有兩部代表作，即為《菩提道次第》（*Lam-rim chen-po*，又作《菩提道次第論》）及《真言道次第》（*Gňags-rim chen-po*），此二書均有廣略兩論。《菩提道次第廣論》（略稱《廣論》），已由近人法尊法師譯成漢文，同時也將《真言道次第》釋譯為《密宗道次第》；《菩提道次第略論》（略稱《略論》），則由近人大勇法師譯出。以下我們就來根據這幾部書為資料，並參考《西藏佛學原論》（六十三—七十一頁），介紹宗喀巴的佛學思想。

第二節　宗喀巴的佛學思想

《菩提道次第論》　《菩提道次第論》為宗喀巴學說的精要所在，共分廣略兩種，《略論》僅六卷，《廣論》計二十四卷，主在說明其學說淵源、說法師的條件、學法者的條件，然後闡明共下士道、共中士道、不共上士道。此在廣略二論，雖文有多少，而意義全同。唯於後分開出止與觀的論列，《略論》僅在第一卷及第六卷說到一部分，《廣論》則用三卷的篇幅論「止」，又用八卷的篇幅論「觀」，止依「瑜伽」，觀依「中觀」，詳敘各家學說；深廣抉擇其了義及不了義，尤其是修行止觀方法的指導，乃是《廣論》的特色。

現在臺北新文豐印有《菩提道次第略論》流通，極有研讀修學的價值。此書的《廣論》，因其文義甚深，非一般人所能讀，故未流通，但在臺灣我所知道的亦有兩部，據悉屈文六居士擬將之編入《續藏》之中。

當然，宗喀巴的弟子們，並非僅學他的著述，他的著述，只供修學佛法次第的指導。他的格魯派下，修學佛法，有一個非常嚴正和漫長的歷程：初進法門，先受優婆塞戒及沙彌戒，同時學習梵唄，諳誦偈頌，再學法稱的《因明釋論》；次為彌勒的《現觀莊嚴論》，以及師子賢的《現觀莊嚴論疏》；再學世親的《唯識三十頌》，以及安慧及律天的《釋論》；再學龍樹的般若《中觀論》，以及月稱的《入中論》；又次學一切有部律；最後則學世親的《俱舍論》。到此修畢顯乘，再依阿底峽甘丹派的修學次第，受學密乘法門。

因在宗喀巴出世之際的西藏佛教，已經脫離了阿底峽所示的修學軌範，眾皆貪巧，競以密乘的急速成就為務。所以他要起而提倡修密乘者，應以顯教為基礎；振興佛教，應以清淨戒律為根本，由沙彌戒、比丘戒、菩薩戒、金剛戒漸次增上，並謂：「非僅受時暫起勇進，亦於受後各別隨行，終不違犯。設有違越，亦疾各依還淨儀軌除罪清淨。」（《略論》卷一．七頁），非如一般誤以密乘的金剛戒是可以不受比丘戒約制的。實則，金剛戒為最上乘戒，斷無受了最上乘戒反而破毀比丘淨戒之理。故說：「若不守護三昧耶及律儀而言修道者，是漂流於密法之外。」（《略論》卷六．四一〇頁）

《菩提道次第論》的主要依據是彌勒的《現觀莊嚴論》，別依阿底峽的《菩提道燈論》，故其論述次第，亦與《菩提道燈論》大同。不過《菩提道燈論》特別詳明大乘，《菩提道次第論》則通詳凡小，以為下士及中士之學，亦為上士所應共學；也就是說，沒有大乘法不概括凡夫二乘之善法的。故以三皈十善，為大乘與二乘共下士（凡夫）所學；四聖諦法，為大乘共中士（二乘）所學；至於發無上心，廣行六度，則為上士（大乘菩薩）的不共之行。這一思想，即係取自《現觀莊嚴論》，該論以三一切智智為般若，分屬八義，概羅全部《般若經》；所謂三智，即是以一切智為共聲聞（二乘）智，道智為共菩薩智，一切種智為不共的如來智；其中菩薩的道智，乃是下通二乘上接佛道的，故在《大般若經》卷四六二中說：「諸菩薩摩訶薩，應學遍知一切道相，謂聲聞道相、獨覺道相、菩薩道相、如來道

相。」（《大正藏》七・三三七頁中）

論列菩薩道的地方，《菩提道次第論》與《菩提道燈論》也略有不同，《菩提道燈論》以戒、定、慧三學做分際，《菩提道次第論》卻以六度為統攝，而將戒、定融於六度之中；此與《菩提道燈論》以戒、定為發生神通的利他之因，福慧雙修為利他之果者，不無略異。尤其《菩提道次第論》在概論了六度四攝之後，又特別闡明修習止觀，詳示規範，乃為《菩提道燈論》所未盡，此益顯出《菩提道次第論》立說的精彩之處。

修止與修觀　前面已說到，《廣論》的止觀方面，是依瑜伽而釋止，依中觀而釋觀。

根據《略論》卷一・六十頁所說：「有以分別慧觀察而修觀，及以不分別專一安住而修止。」「若爾，何道為修觀，何道為修止耶？曰：如對善知識修信心，及暇滿大義難得，念死無常、業果、流轉過患、發菩提心等，皆須修觀……倘心不能攝住於一所緣，為令如欲堪能安住之寂止時，若數數觀察，則心不能住，故於是處，則須修止也。」

其中的「暇滿大義」，是指沒有任何學佛的障難，所以有暇學佛；具足學佛的根器又有良好的助緣，所以稱為條件圓滿。

又在《略論》卷六．三五七頁說：「所言止者，謂內正住已，即於如是善思惟法，作意思惟，令此作意內心相續；如是正行多安住故，起身輕安及心輕安，是名為止。」又說：「即於如是勝三摩地（定），所行影像，所知義中，能正思擇，最極思擇，周遍尋思，周遍伺察，若忍、若樂、若覺、若見、若觀，是名為觀。」可知，所謂止，是吾人此心繫於一念的相續安住；所謂觀，是以吾人之心，對諸法影像的思擇觀察。

止與觀，都是修定的前方便，由止觀而入定，初修之時，止觀是兩種交互並用的方法，止觀修成，實是同得一個結果。因此，始修須以止觀並用，修後乃成止觀雙運，平等如一。

《略論》卷一．六十一頁說：「或不了解如是道理，謂黠慧者唯當觀修，諸姑薩黎應唯修止，此說非也。彼二種人，一一皆須雙修止觀。」

同書卷六．四〇一頁則說：「若未先得止觀，則無止觀雙運之事，故修雙運必須先得止觀。此復初得毘缽舍那（觀），亦即獲得雙運，謂由前已得奢摩他（止）為依止乃修觀察。若時由觀察力獲得無功用運轉作意，即得雙運轉道。」

這兩段話的意思，前者是說任何人均應止觀兼修；後者是說依止修觀，若得觀時，即是止觀雙運。到了此時，即無昏沉及掉舉為障礙，亦復不須恆依功用，故稱無功用運轉作意，此為四作意的第四作意，即是進入初禪之境。

止的內容　據《西藏佛學原論》六十四頁對此的介紹說：「修止資糧，凡有六種，依於順境、少欲、知足、離多所作、清淨律儀、離欲等分別，又悉如〈聲聞地〉所說。修止次第，九方便住心，八想對治，此又屬慈氏無著相傳之說。最後修止所緣，遍淨，淨行，善巧，淨惑，四種分別，又悉出於〈聲聞地〉。（上見《菩提道次第論》原本一九三頁以下）凡是皆遵瑜伽立說，而與《燈論》稟承覺賢者，大有異矣。」這是說明了《菩提道次第論》中所述修止的方法，及其所依學理的淵源，乃皆出於瑜伽學系的思想；〈聲聞地〉屬於《瑜伽師地論》的〈本事分〉。

現在將其中所列名相，略微介紹如下：

（一）修止的六種資糧，即是六種準備工作：

1.依於順境：衣食易得，沒有猛獸怨魔等的惱害，不致引起疾病的處所，有善友砥礪，沒有喧鬧來打擾。此即為順利修止的環境。

2.少欲：不求眾多上妙的飲食等供養。

3.知足：能有一些粗劣的飲食等資生便足。

4.離多所作：不營商牟利，不做醫卜等雜務，盡可能減少乃至斷絕與他人往返酬酢的因緣。

5.清淨律儀：嚴持所受的淨戒。

6.離欲等分別：思惟諸欲之過患以及無常等理。

（二）所謂八想對治，是用八種觀想方法，來對治五種過失，以利修止的工夫：

1.以淨信、希欲、精進、輕安的四想，對治修止初期的懈怠過失。

2.以正念想對治忘失聖言教授的過失。

3.以正知想對治沉沒掉舉的過失。

4.以作行功用之思，對治不起功用不作行的過失。

5.以不作行安住於捨，對治功用作行的過失。

以上的前三過失易明，至於四、五兩過，須有解釋。因在善行正念正知之際，沉掉生起雖無不知之過，然在沉掉生時，若不是將之當下斷除，仍是一種過失，所以要用「作行功用之思」來對治這個缺點，此亦即是當昏沉、掉舉生起時，立即以心使之斷除的一種思念。但在斷了乃至微細的沉掉之後，心入定境，相續之時，若起一種定心功用的執著，仍是過失，所以要把一切念頭都捨去。

（三）所謂九方便住心，是修止過程的九個階段。現依《略論》卷六，用六力、九住、四作意，配合了介紹：

1.聽聞力，成辦第一內住心：由初聞修定教授，隨順所聞，令心內住。此時便覺分別雜念，如同懸河；此為初識分別之相。

2.思惟力，成辦第二等住心：由數數思惟而修，初得少分相續安住。此時便覺分別如溪澗水，時隱時現；得分別休息之相。

3.念力，成辦第三安住心及第四近住心：於心散亂時，能速念前緣，令心安住；初以念力令心不散，從寬泛境，漸收其心，使其漸細漸高。此時便覺分別，如潭中水，無違緣時，安靜而住，遇違緣時，即不能住；對於分別，起疲勞想。

4.正知力，成辦第五調伏心及第六寂靜心：初於正知了知，於分別及隨煩惱諸相流動的過患，令心不散；調伏柔和樂修三摩地的情緒，令心寂靜。

5.精進力，成辦第七最極寂靜及第八專住一趣之兩種住心：以精進力，雖最細分別與隨煩惱，皆能斷除，令心最極寂靜；由此精進，又令沉掉等心不使生起，心能相續，住三摩地。

6.串習力，成辦第九等持住心：到了此時，不須專依正念正知，其三摩地，亦能任運於所緣而轉。

再說四作意：⑴初住及二住心時，沉掉時多而正定時少，必須力勵，心方能住所緣，故於四作意中為第一力勵運轉作意位。⑵由第三住心至第七住心時，住定時雖多，而有沉掉障礙，故為第二有間缺運轉作意位。⑶第八住心時，雖須恆修功力，然而沉掉已不能為其障礙，能夠長時修定，故為第三無間缺運轉作意位。⑷第九住心時，既無沉掉為障，亦不須恆依功用，故為第四無功用運轉作意位。

（四）所謂修止所緣，即是修止時的心所緣法，共有四種，因為這是正念正知的正慧分別，故又叫作四種分別：

1.周遍所緣：其中又分四種——

⑴有分別影像，是指有觀察分別的毘缽舍那（觀）所緣。

⑵無分別影像，是指無觀察分別的奢摩他（止）所緣。此處所說的影像，乃是由所緣的自相事物而在心中所現的影像。

⑶事邊際性，這是就所緣之境安立的，例如思惟諸法，本性如是，更無他性，

名為如所有邊際性。

(4)所作成辦，這是就所修之果安立的，如說由於多修止觀的力，便能引生輕安等，是謂成辦所作的果。這四種非離以下的三大所緣而另有其體，並能遍於如下的三大所緣，故名周遍所緣。

2.淨行所緣：此有五種——

(1)多貪者緣不淨。

(2)多瞋者緣慈悲。

(3)多癡者緣十二因緣。

(4)多慢者緣界差別。

(5)多尋伺者緣出入息。

3.善巧所緣：也有五種——

(1)善巧色等五蘊。

(2)眼界等十八界。

(3)眼處等十二處。

(4)無明等十二緣起。

(5)從善業生可愛果為處，從不善業不生可愛果為非處。

4.淨惑所緣：有二種——

(1)從欲界至無所有處天，觀察下地粗相及上地淨相，暫伏煩惱種子。

(2)修無常等四諦十六行相，永斷煩惱種子。

觀的內容　在修觀方面，宗喀巴是以龍樹的中道為其指歸，因為龍樹為多數的顯密經咒之所懸記，且為世間共許是位登三地的菩薩，故其立義最足可信。但龍樹依《般若》等經，顯示一切法由自性無生滅等之理精微，唯提婆得其親傳，故與龍樹並稱為聖父子，仰為百世之宗則。「其能無倒解釋聖父子意趣為隨應破中觀者，則係佛護、月稱二大論師。」（《略論》卷六．三八〇頁）

因在龍樹、提婆之後，繼起的諸位中觀論師，例如佛護、清辨、月稱、寂護之流，立說時異。清辨破唯識宗立外境有，乃為「經部行中觀派」；寂護等又取瑜伽之說，於世俗外境是無，就勝義心亦非有，乃為「瑜伽行中觀派」。此為智軍論師的判別，這一判法卻又不能將月稱的思想概羅進去，因月稱立外境有，同於清辨，然又不可即謂月稱是經部行者。所以，後世藏土學者，皆判中觀為：1.清辨、寂護等的「自立量派」；2.月稱等的「隨應破派」。宗喀巴則取月稱的思想為準。

此係由於從阿底峽以來，都以月稱為最勝，因為月稱之釋《中論》，固然善取佛護之意，對於清辨思想亦多採納，唯於不契之點，乃加破斥，故以為月稱之說，最能見出龍樹、提婆的真旨所在。

《菩提道次第論》在修「觀」部分的思想淵源，現借《西藏佛學原論》六十五及六十六頁所列，錄之如下：

其抉擇空見，釋入真實性次第，一本於《中論．觀法品》，以內外諸法，習氣寂滅一切我我所執清淨為真實性；又以證無我智斷我見等煩惱為入真實次第。而其提舉綱要則曰：「瑜伽師欲入真實性者，應知一切煩惱皆依有身見而起，有身見之所緣為我，若不緣我則見斷，見斷則煩惱過失無餘悉斷。」此則全依月稱《入中觀論》之言也。

又抉擇人無我義，取車輪以為譬解，譬如輪輻與車，不可許為相即、相異、相應、相在等七種分別，如是我與諸蘊等，亦非一非異等，由以獲見無我。此又全同月稱《入中觀論》之說也。

又抉擇法無我，謂依以設施補特伽羅者，若蘊、若界、若處，皆為法，自體是空，是為無我。總略抉擇依於四邊遮遣生法，即非由自生，非由他生，非由俱生，非無因生；蓋由自生則成已生，應無生用等。此又全同月稱《入中觀論》之說也。

由上可知，在修觀的方面，宗喀巴是採取了月稱論師的思想。修觀的條件，要在依止三種資糧：1. 親近善士，2. 聽聞正法，3. 如理思惟。由此資糧而來抉擇了解真實義的正見，引生通達如所有性的毘缽舍那。

以上所舉宗喀巴的思想依據，其作用即為「抉擇了解真實義的正見」；此處所說的真實性、真實義及如所有性，即是諸法的本性、即是空性。

凡夫為何不見諸法的本性、空性，是由染汙的無明煩惱使然，要除去無明煩惱而了解真實義的如所有性，先得將我執排除，無我之後，即是拔出了生死的根本而入於真實義的空性。我執分有人我及法我，所以修觀的步驟是要分別抉擇人無我，再修法無我。我執的生起，是由法我執而生人我執，修斷我執，則應先修人無我，再修法無我。現在先介紹人無我的修法：

（一）人無我的修法——修持者當觀察如下的四事：

1.決定所破——吾人乃至熟睡之時，亦有我執堅持不捨，那便叫作俱生我執。吾人當觀此執，執何為我？如何執我？如是審細觀察這個俱生的我執，便可明白，它不是執於身心總體上的假名安立，乃是執假立之我為有自體。這個我，就是我們修持者所當破的法。

2.決定二品——人我執的生起，如果是由五蘊假合之身心而得，那麼，吾人自己與五蘊之間，不是同一的，便是相異的，離此一異二品，沒有第三品可得。

3.破一品——我與五蘊，若說是一體的，就有三種講不通的毛病：⑴所計之我當成無用。⑵我應成多。⑶我應有生滅。可知我與五蘊並不是一體的東西。

4.破異品——如果說所執之我與五蘊是異而非一，那麼，離了五蘊當另有一個我可得；實則，離了五蘊，卻沒有我了。

由以上四點分析觀察，便知吾人的身心上，根本沒有一個實在的俱生之我可執。到此境地，便是初得中觀（非二、非一、非異之真實性）的正見，若是宿世之中曾經習過此一正見，即有重獲所遺珍寶那樣地最極歡喜；若是今生始得此一正見，便有遺失極可愛物那樣地起大恐怖；如果沒有這兩種覺受，那是證明尚未了知人我執的被破，或者未能善加破除這個俱生的我執。

（二）法無我的修法——此當分作有為法及無為法的兩門抉擇，法我之執本無自性：

1.有為法無自性——有為法又分三門：⑴色法無我：觀察吾人心中堅執為我的身體，究係何物為我身？如何執身為我？若身為我，哪一部分是我？予以分解之後，根本無身可得。可知身體亦無我的。⑵心法無我：吾人的心識，剎那變動，究係上午之識是我抑下午之識為我？前念為我抑後念為我？若念念是我，我當多得不可勝數。可知心識之中，亦無實在的我。⑶不相應行法無我：例如一年十二個月，乃是假立的分別，並非實有，否則十二個月與一年，應當個別有體；事實上除了十二個月，並無一年的自性可求。

2.無為法無自性——如虛空界，有四方及中央，但此虛空方位是假立的名，並無其自性。如說有自性，則應將它分析觀察，虛空與方位，是一是異？若是一，那麼東方空中下雨，其餘各方應皆同時下雨，實則不然；若是異，那麼除了各個方位之外，當另有虛空可得，實則又不然。可知虛空這個無為法是無自性的。

止觀雙運，乃是佛教修持的特色，若僅修止，可得身輕安、心輕安，乃至到了九住心。修畢「心於所緣堅固而住，遠離喜動不寂靜性，乃是獲得正奢摩他，亦是已得第一靜慮（初禪）近分所攝少分定地作意。外道諸仙修世間道，於無所有以下離欲，及修五種神通等，皆須依止此奢摩他。」（《略論》卷六．三七八頁）佛子修此，若不修觀，觀人無我及法無我成就，便同外道修行，不能解脫生死。

修畢顯乘，便當進入密乘，因為：「此道較餘法特為寶貴，以能速疾圓滿（悲智）二資糧故。」（《略論》卷六．四〇八頁）

《密乘道次第》　此書有譯為《真言道次第》，或《密宗道次第》，與《菩提道次第》，並為宗喀巴大師的兩大論書，後者是修習顯乘的次第，此書為修習密乘的次第。

宗喀巴大師的密乘思想，大體同於阿底峽的《菩提道燈論》。他以為六度止觀法門，固為顯乘的修行階次，若就顯密一貫而言，則又屬於顯密相共之道。由此六度止觀為基礎，乃應決定入於密乘。進入密乘之初，應如《菩提道燈論》所說，須竭盡所有，對阿闍黎施供，得其欣悅，授予密部根據所說之灌頂，而後始有堪任學法的資格。

至於修學密乘的次第，判為次第五品：1.清淨菩提心，此與顯乘相共。2.四類灌頂，此悉通於四部密典。3.守護律儀及三昧耶；律儀為菩薩共戒，例如〈菩薩地〉及《集菩薩學論》所說的，十八重四十六輕等；據《略論》卷六．四〇九頁說：「若犯本罪雖可重受，然道之功德，於身心生起極為留難，故當勵力毋令染污。粗罪不犯，亦當致力，設有所犯，亦當作諸還淨之方便，此乃修道之根本。」至於三昧耶，為密乘的不共戒，此於各種咒典，多有異說，但在無上瑜伽之經中，說到不護三昧耶及灌頂下劣、不了真實性的三種人，雖行修習，不論如何亦無成就。4.成熟根器的生起次第。5.悉地解脫的圓滿次第，這個圓滿次第，主要是以無上瑜伽的時輪、密集等諸法為指歸。

在密乘思想方面，宗喀巴與阿底峽也有不同之處，例如阿底峽以無上瑜伽的最極究竟是「勝樂」，宗喀巴則以「時輪」為最尊；又如阿底峽分析密典為七類，宗喀巴則約之為四部——作、修、瑜伽、無上瑜伽。此乃由於宗喀巴採納了後起如布頓大師等的新說，而加以改革完成的。

從各方面說，宗喀巴都是一位偉大的僧寶，故從明朝以來，五、六百年間，西藏的學者，雖以派別不同而致研學的方便容或有異；但對宗喀巴的學說，以其組織完滿，超越古今，故欲推論正宗，便捨此莫屬。

宗喀巴學風的特色　以宗喀巴的學說，和漢文中國的佛學來比較，他至少有兩點特色：

（一）備具印度晚期大乘之風範而極重於實踐：印度的大乘初期，例如龍樹、無著，類皆銜接小乘毘曇的學風，對於法門的辨析，往往不厭繁博，故於修學的要領，有待後人來做剪裁的工作。因此，其後的學者著述，多做要約的組合，例如《四百論》是為《中觀論》作的，《攝大乘論》及《顯揚聖教論》是為《瑜伽師地論》作的，但尚未能臻於簡要。到了寂天的《入菩薩行論》等典籍，就不同了，刪繁垂淨，貞實僅存，資於修行，簡當無比。其後對此風尚，頗為熾盛，乃至僅從師說，教授要訣，不復取乎繁詞。例如覺賢的《禪定資糧品》即如此說：「隨應能使心得定者，即此為適，諮詢教師而加修習，此不必於七種量論，四類記論，七部毘曇，《瑜伽》五地等相而為作意也。」至於觀法的修持，也是取其最簡要而易入的，所以龍樹的四邊遮遣生法無自性之宗義，特見獨盛。此種求簡之風，由阿底峽傳入西藏，至宗喀巴而益發揚，他闡述月稱之學，對於清辨的縱橫辨難及唯識的嚴密組織，均不採取，原因即在此一求簡當而易實踐的學風使然。以之比起中國內地佛教的註疏演繹，捨本逐末者流，實在更加可取。

（二）即以實踐為原則而於諸家學說加以抉擇組織：印度的大乘，自《瑜伽師地論》的〈菩薩地〉之後，即已有了組織儼然的菩薩學，然其條理尚嫌繁複；到了寂天，以六度為綱，綸貫經論，完成了他的《集菩薩學論》一書，始見簡要。至阿底峽，即是汲其餘流而造《菩提道燈論》，復本其意趣而取捨諸家，完全以當於修習者為依準，因此，即以實踐為目的而組織成其獨家之言，蔚為一時的學風，同時也由他將此學風帶進了西藏，更加發揮。故到宗喀巴出世，即以瑜伽學為廣行，以中觀學為深觀，綜合龍樹、無著兩大家，渾然為一大乘之學，是以實際顯現，非託空言，以此學風而論修學佛法，的確非常地恰當。

太虛大師對於宗喀巴的《菩提道次第論》，也是推崇不已，例如他說：「而借觀西藏四、五百年來之黃衣士風教，獨能卓然安住，內充外弘，遐被康、青、藏、滿而不匱，為之勝緣者雖非一；而此（《菩提道次第》）論，力闡上士道必經中下士道，俾趣密之士，亦須取一切經律論所詮戒定慧遍為教授，實為主要原因。」又說宗喀巴：「雖未嘗不別有最勝之歸趣，而確定皆攝入次第之過程。於是不沒自宗，不離餘法，而巧能安立一切言教，皆趣修證。」（《太虛大師全書．文叢》七七八—七七九頁）此一下、中、上三士道的思想，與太虛大師所倡因緣生法為五乘共法、三法印為三乘共法、諸法實相至無礙法界為大乘不共法之說相近。但在太虛大師，猶謙稱他是「粗引端緒，語焉不詳」。故當他讀了《廣論》的漢譯本，見到三士道的總建立時，頗為欣悅。

不過，藏土佛學也有不足之處，例如漢譯的龍樹《大智度論》及《十住毘婆沙論》，皆於戒學有所發明，但卻不傳於西藏，所以藏土在大乘戒學方面，僅知〈菩薩地〉及寂天之書而已。又如無著的《顯揚聖教論》，乃為闡發現觀瑜伽的根本典籍，亦未傳於西藏，以致藏土的觀法，獨尊中觀，唯識家言全遭摒棄。

第五章　西藏佛教的文物

第一節　《西藏大藏經》

藏經目錄　《西藏大藏經》雖在元代初年編纂完成，但其翻譯始於唐代，初期所譯，均錄於《旁塘目錄》（*Hphan-thaṅ dkar-chag*），這是西藏的第一部經錄，據說是在西元第八世紀之末的藏王牟提贊普（Mu-tig-btsan-pa）時代，是由譯師迦白普子結（Ka-ba-dpal-brtsegs）等，根據旁塘（Hphan-thaṅ）地方的迦彌（Ka-me）精舍所藏經典，編錄而成。此錄現已佚失，內容不詳。

到了西元第九世紀中葉，由於徠巴瞻王的大力護法，譯事盛極一時，出經極多，故又有普子結（Dpal-brtsegs）等，在土塘（Stod-thaṅ）的登噶爾瑪（Ldan-dkar-ma）伽藍，整理該處所藏經典，編成經錄，名為《登噶爾瑪目錄》（*Ldan-dkar-ma dkar-chag*），此錄現被收於丹珠爾集典中。這一經錄，依次三藏，分為十七個類目如下：

（一）大乘經：般若部、華嚴部、寶積部、經集部，及由漢文轉譯的涅槃部等。

（二）小乘經：《正法念處經》等，末附《法集要頌》。

（三）祕密經：《不空羂索大相陀羅尼》等。

（四）至（七）：名號、讚願及吉祥頌。

（八）律藏：戒本、毘奈耶等。

（九）大乘經釋：《十萬般若大疏》、《般若廣中略疏》、《現觀莊嚴論本釋》。

（一〇）中觀論：《根本中論釋論》、《般若燈本釋》、《佛護釋論》、《無畏釋論》、《中觀莊嚴論本釋》。

（一一）禪定書：《修行三次第》等。

（一二）唯識論：《瑜伽師地論本釋》、《攝大乘論本釋》、《集論本釋》、《經莊嚴論本釋》等。

（一三）大乘論集：《集菩薩學論》、《集一切經論》、《寶鬘論》等。

（一四）小乘論：《俱舍論本釋》、稱友《俱舍疏》等。

（一五）因明論：《觀因果相屬論本釋》、《正理一滴論本釋》等。

（一六）藏土撰述：《聖教正量》、《慈悲大讚》等。

（一七）待考：《量釋論本釋》、《攝真實義本釋》等。

由此可以明白，此時的大乘經，已近大備，唯識一類也已粗備，中觀則缺月稱諸疏，因明則不見陳那的《集量論》，至於密部，僅有作、修、瑜伽三部，所缺之無上瑜伽，因係後出。

由之亦可見，當時的藏地諸家，所學尚多出於顯乘。

到了元初（西元十三世紀之末），後傳佛學的勢力昌盛，譯籍既備，故有《大藏》之開版，那是西藏第一次刻版藏經，稱為奈塘古版，或名為舊奈塘藏，係由世尊劍（Mchom-ldan-ral-khri）及其弟子軟語隱福（Hjam-ṅag gab-śis），從漢土集資，在札什倫布寺西五十里的奈塘（Snar-thaṅ）迦藍，創刊經版。世尊劍為這個版本所著目錄，稱為《日光目錄》（*Ñi-mahi hod-zer dkar-chag*）。此為第三種經錄。

稍後又有策巴（Tshal-pa）的結白羅絡（Dges-bahi blo-gros）在拉薩之東約五十里的貢塘（Guṅ-thaṅ）精舍，編纂藏經，較之奈塘古版的內容，更加增補，故又有《策巴目錄》（*Tshal-pa dkar-chag*）。此為第四種經錄。

西元第十四世紀中葉，另有布頓大師，校訂了《策巴目錄》，他自己則重編了一部大目錄，含有《松拉林保切（Gsuṅ-rab rin-po-che，甘珠爾）目錄》及《賈爾保分巴（Rgyal-po phreṅ-ba，丹珠爾）目錄》。此為第五種經錄，也是最完備精審的一部《西藏大藏經》目錄。

其實，此一經錄，乃為布頓所著《善逝教法史》（*Bde-gśegs bstan-paḥi chos ḥbyuṅ*）的附錄。

他將全部譯成藏文的藏經，分為甘珠爾（Bkaḥ-ḥgyur，教敕部或佛部）及丹珠爾（Bstan-ḥgyur，論述部或祖部）。這是西藏藏經獨特的分類法，將佛說的經律，歸於甘珠爾，歷代祖師的釋論註疏，入於丹珠爾。從此以後，即成為西藏藏經的定式。

布頓的分類法　布頓是一位大學問家，他對於全部譯成藏文的佛典之門類判釋，完全是以學術的角度來做衡斷，所以他的思想大部為後來的西藏學者所遵循，宗喀巴大師也接受了他的若干影響。現就他對藏經分類的見解，分作兩門介紹於次：

（一）甘珠爾的分類：他將甘珠爾分為顯密二乘。顯乘中又按佛陀的一代時教，判攝為初、中、後的三法輪。

初法輪是佛於鹿野苑所說的四諦法和根本戒律等；中法輪是佛在靈鷲山說的無相法，如《般若經》等；後法輪是佛在毘舍離城等處所說的分別法，如《華嚴經》與《寶積經》等經。此可列表如左：

- 甘珠爾
  - 顯乘
    - 初法輪——鹿野苑說的四諦法和戒律等
    - 中法輪——靈鷲山說的無相法，如《般若經》等
    - 後法輪——毘舍離等處說的分別法，如《華嚴經》及《寶積經》等
  - 密乘——諸咒經

（二）丹珠爾的分類：佛部的甘珠爾既分三時法輪，對於祖師闡釋佛部所出的丹珠爾，遂亦判為三門：1.論釋初法輪的為小乘論；2.論釋中法輪的為中觀般若諸論；3.論釋後法輪的為瑜伽諸典。又將以上三門各開「觀」、「行」兩支。現亦列表說明如左：

- 丹珠爾
  - 釋初法輪者
    - 釋觀門——毘曇七論❶
    - 釋行門——律經與律頌等
  - 釋中法輪者
    - 釋觀門——大乘四儀❷
      - (1)龍樹六論❸類
      - (2)慈氏《現觀莊嚴論》類
      - (3)牙軍《十萬般若》論類
      - (4)陳那《八千般若》論類
    - 釋行門——《集菩薩學論》、《入菩薩行論》、《修行三次第》等論
  - 釋後法輪者
    - 釋觀門——慈氏五論、無著五地與二攝、世親八支等論❹
    - 釋行門——菩薩律儀二十頌等

布頓又從論典所論內容的不同而將丹珠爾分為三類：（一）說世俗諦論典；（二）說勝義諦論典；（三）說解脫道論典。現亦列其綱要如左：

（一）說世俗諦者，又分三門：1.一般性的世道論典，即是《百智慧論》、《攝生論》等。2.專門性的利他論典又分四項：(1)因明——釋現量、比量等六事如《集量論》（陳那），法稱的七支、七觀、八成、七重疏等❺(2)。聲明——釋字界、字像、諧切的三事如《波膩尼經》，又有韻律、詞藻、詩歌，亦附於此。(3)醫明——釋醫藥的如《八分心要論》等。(4)工巧明——釋鍊金等事如《鍊金論》等。

3.利益自身的論典有一種，即是內明——釋蘊、處、界等的法相如毘曇及《集大乘

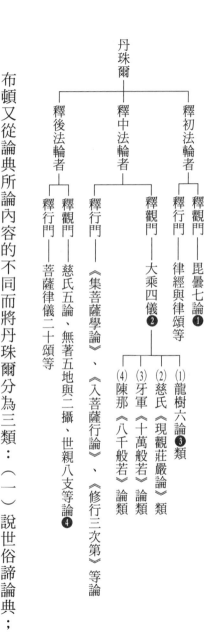

相論》等。

（二）說勝義諦者，即是解釋四諦、能所無別、無所得等原理的如《分別二諦論》及《三十論》等。

（三）說解脫道者，即是《瑜伽師地論》的〈菩薩地〉、寂天的《入菩薩行論》等，以及其撮要之作如《集論》與《俱舍論》等。

藏經版本　《西藏大藏經》的版本，也有很多，因自前傳迄後傳的西藏佛教，其間傳譯佛典的人，共達三百五十位，先後譯出計五千餘部，各期所刻藏經的內容也就互異。現舉其各種版本的名稱如下：

（一）舊奈塘藏：是在西元十三世紀之初，由世尊劍及其弟子軟語隱福從中國內地集資回藏，並由羅薩爾桑結蓬（Blo-gsal saṅs-rgyas ḥbum）、瑣南霍才爾（Bsod-nams ḥod-zer）、銀雀柏蓬（Byaṅ-chub-ḥbum）等諸師向各地蒐集經律與祕典，加以校對，刻成一藏書，被稱為奈塘古版，它的雕版及其印本，今已不存。

（二）里塘藏：原名里塘（Li-thaṅ）版，乃為釋迦也贊（Śā-Kya rgyal-mtshan）等在勤優（Hjaṅ-yul）地方雕成，但在清德宗光緒三十四年（西元一九〇八年），已為入境的清兵燒毀。

（三）德格藏：原名德格（Sde-dge）版，此在清世宗雍正七年（西元一七二九年）開始準備，翌年開刻，迄至清高宗乾隆九年（西元一七四四年）完成，先後歷十六年，動用勞務的人員達三百二十萬，占西藏全人口的一半以上。以西藏一地而完成此一堪與漢文《大藏經》匹敵的雕版偉業，其人力物力的負擔之重，較諸漢文藏經的刻印，實有天壤之別。若非虔敬法寶，何克臻此！這一版本的內容，是採用里塘藏的甘珠爾部分，加上色羅舍爾剛（Sha-lugser-khan）所藏的丹珠爾部分的底本，依據布頓的經錄，加以增補而成。此一雕版，尚存於德格寺。日本的東洋文庫、河口慧海氏文庫、高野山大學等處，共藏有它的印本五部。

（四）新奈塘藏：原名奈塘新版，是奉第七世達賴喇嘛羅布格桑嘉穆錯的教敕，而於清雍正八年（西元一七三〇年）開工雕版，是以奈塘古版為底本，再參考《策巴目錄》及布頓的目錄，加以增補。其經版現存於日喀則西南約五十里處的奈塘寺，日本的大正大學、河口慧海氏文庫、京都大學、大谷大學等處共計藏有此版的印本五部。

（五）卓尼藏：原名卓尼（Co-ne）版，卓尼是在甘肅境內的洮州地方，是安多系的藏胞所居地（《西藏研究》五十七頁）；一說是在青海境內（望月氏《佛教大辭典》三六一八頁及金山正好《東亞佛教史》四二九頁）。據說經版尚存，其開刻年代不詳，有人說是在德格藏之後。

（六）布那克藏：原名布那克版，現存經版於不丹的首府布那克（Punakha），這可算是西藏藏經的外國版。此藏僅有甘珠爾。

（七）傑昆彭藏：原名傑昆彭（Rjes rku-ḥbum）版，是在甘肅的昆彭（Rku-ḥbum）寺刻版。經版已失，且亦僅有甘珠爾。

（八）卻姆陀藏：原名卻姆陀（Cha-mdo）版，原藏於卻姆陀寺。經版亦失，雕時也僅有甘珠爾。

（九）永樂藏：原名永樂版，是明成祖永樂八年（西元一四一〇年），在中國內地根據奈塘古版復刻的甘珠爾部。經版已失。

（一〇）萬曆藏：原名萬曆版，是明神宗萬曆三十年（西元一六〇二年），照著永樂版的底本，重刻一次。經版亦失，它的印本現存者亦極少。

（一一）北京藏：原名北京版，是在清聖祖康熙二十二年（西元一六八三年），於北京開刻，依據西藏色拉寺所藏甘珠爾部分的底本雕版；到了雍正二年（西元一七二四年），又刻印了丹珠爾部分。可惜其經版已於光緒二十六年（西元一九〇〇年），罹於兵火。所幸日本京都的大谷大學藏有其印本，近年已在日本影印流通，臺灣也請了三部影印本：兩部藏中央研究院，一部藏中央圖書館。

（一二）拉薩藏：原名拉薩（Lha-sa）版，是第十三世達賴喇嘛籌措開版，但僅完成甘珠爾部分。經版尚存。

此外，據說在柴霍（Za-hor）地方的夏布匝爾（Bshad-pa-rtsal），以及第五世達賴喇嘛時期，也有藏經甘珠爾等的雕版。同時，在蒙古有蒙古文的《西藏大藏經》，在滿洲有滿洲文的《西藏大藏經》。

以上所舉的十二種版本之中，除了布那克、傑昆彭、卻姆陀、永樂、萬曆、拉薩等六種版本僅有甘珠爾之外，其餘均備甘珠爾與丹珠爾二部分。

藏經的內容　西藏藏經，大別為甘珠爾與丹珠爾兩部，各種版本，均屬一致，唯其內容細目各有互異，現在且舉有代表性的三種版本內容如下：

（一）德格藏的內容分為兩部二十四類：

1. 甘珠爾——⑴律部十三函，⑵般若部二十一函，⑶華嚴部四函，⑷寶積部六函，⑸經部三十一函，⑹祕密部二十函，⑺總目錄一函。經部再分大乘經與小乘經；祕密部又分十萬怛特羅部、古怛特羅部，並附《時輪經》註釋、《陀羅尼集》

各二函，總計一百函七百餘部。

2.丹珠爾──⑴讚頌部一函，⑵祕密部七十八函，⑶般若部十六函，⑷中觀部十六函，⑸經疏部十一函，⑹唯識部十六函，⑺俱舍部十一函，⑻律部十八函，⑼佛傳（本生）部及⑽書翰部六函，⑾因明部二十函，⑿聲明部四函，⒀醫明部一函，⒁工巧明部五函，⒂西藏撰述部及⒃補遺經論部九函，⒄總目錄一函。總計二百一十三函三千四百餘部。

（二）新奈塘藏的內容分為兩部：

1.甘珠爾部中又分兩門──⑴因乘般若部：a.目錄一函，b.戒律部十三函，c.般若部二十一函，d.華嚴部六函，e.寶積部六函，f.雜經部三十一函，g.涅槃部二函，凡收八十函三百部。⑵果乘祕密部：分為無上瑜伽祕經、瑜伽祕經、修祕經、作祕經之四種，凡收二十二函三百部。兩門總計一百零二函六百餘部。

2.丹珠爾──⑴讚頌部一函，⑵祕密部八十七函，⑶經釋部百三十函，⑷聲明等五函，⑸目錄一函。凡收二百二十四函。

（三）北京藏的內容分為兩部：

1.甘珠爾──⑴祕密部二十五函，⑵般若部二十四函，⑶寶積部六函，⑷華嚴部六函，(5)諸經部三十二函，(6)戒律部十三函。總收一百零六函一千部。

2.丹珠爾部中分為三門——(1)讚頌部半函六十四部，(2)祕經疏部又分時輪部等二十四項，計八十六函半四千三百部。(3)經疏部亦分般若部十二項，計一百二十二函半八百部。另附加十四函半的補遺經、西藏撰述、願文等，總收二百二十四函五千一百餘部。

藏文藏經的價值　世界佛教的藏經，以現存的文字及其版本來說，當以印度的巴利文三藏最古，此為傳於斯里蘭卡、緬甸等地的小乘佛教文化所依據；次古的是印度的梵文三藏，此為傳於中國及西藏等地大乘佛教文化所依據；再次是中國根據梵文翻譯的漢文三藏，此為中國、韓國、日本的佛教文化所依據；最晚的則為西藏根據梵文及漢文翻譯的藏文三藏，它行於西藏及蒙古等地的喇嘛教區域。在此四種文字的三藏之中，梵文本已經殘缺不全；巴利文本僅保留部派佛教時代分別說系的上座部三藏；漢文三藏雖包攝大、小乘各期的印度佛教聖典，卻對印度晚期密教的咒經，缺譯甚多；唯獨藏文的三藏，既未忽略印度早期佛教聖典，尤其美備晚期密教的咒經。固有漢文藏經所備而為藏文藏經所缺的聖典，但在舉世三藏聖典之能與漢文三藏匹敵的，只有藏文三藏。故在文化遺產及研究佛學的價值上，藏文三藏居有極重要的地位。

由於多數譯存於漢文藏中的梵文原典已不存在，卻也同樣已從梵文原典譯存於藏文藏中，藏文由印度文字的改造而成，且其地理接近，所譯經文，多用梵文直譯，不像譯成漢文時，因有許多觀念、語意上的隔閡，而不得不用意譯。所以，對照漢藏兩種譯本，能使學者的理解更接近梵文原典的原義，或相當其原義；若再參比巴利文經本，則於佛學的研究及歷史的考察，便可大致獲得印度佛學的原貌。

漢藏兩種三藏的對比　根據布頓大師的經目，來與漢文藏經比較對勘，大體而言，藏文藏經有三個因受時代影響而構成的特點：

（一）舊本聖典而經過晚世編訂的，例如《般若經》及《寶積經》等經。

（二）舊本聖典因了晚出的註疏而得流行的，例如《現觀莊嚴論》等。

（三）舊時未曾發現而到晚期始行流出的，例如密乘中無上瑜伽等的咒經。

以上三種情形是漢文藏經所沒有的。如果更加分別，則可將甘珠爾及丹珠爾所蒐三藏目錄，分別與漢文三藏對勘，列兩表如下：

第一、甘珠爾經律與漢譯本對勘具缺表

類別	藏傳本	漢譯勘同本	漢譯缺本
戒律類	二十四	十二	十二
般若類	二十三	十一	十二
華嚴類	一	一	○
寶積類	四十九	四十九	○
經集類	二七三	一六四	一○九
涅槃類	二	二	○
咒乘類	四二七	九十六	三三一
合計	七九八	三三四	三六四

漢譯勘同本共計三三四部，其中二四五部均為唐宋時代的晚期譯本，而且多屬顯乘諸經，例如《大般若經》、《華嚴經》、《寶積經》等經，以及《根本說一切有部律》等。至於密部，漢譯所缺，多達三三一部，以其四部的本典而言，就可見其大概：

（一）作密有四根本咒經，漢譯僅出《蘇悉地經》（唐輸迦頗羅譯）、《蘇婆呼童子經》（唐善無畏譯，宋法天譯），尚缺《一切曼荼羅祕密咒經》及《禪定外篇祕經》。

（二）修密有三根本咒經，漢譯僅出一部《大日經》（唐善無畏譯），尚缺外篇《大日經》及《金剛手灌頂咒經》。

（三）瑜伽密有二根本咒經，漢譯僅出《攝真實性祕經》（宋施護譯），尚缺其外篇。

（四）無上瑜伽分兩門：1.父部三類——漢譯僅出《密集》（宋施護譯），尚缺《赤黑夜摩金剛怖畏》、《金剛大阿囉梨咒經》。2.母部三類——漢譯僅出《喜金剛》（宋法護譯），尚缺《勝樂》、《時輪》。

由此亦可推知，印度密乘之興，當在中國唐世以下，而西藏佛教正好接受此一時代印度佛教的學風及其成果，所以祕密乘的聖典，要比漢譯三藏完美得多。

第二、丹珠爾論著與漢譯本對勘具缺表

類別	藏傳本	漢譯勘同本	漢譯缺本
般若類	四十	四	三十六
中觀類	一五二	二十一	一三一
經疏類	四十	四	三十六
瑜伽類	六十六	二十七	三十九
小乘類	六十二	十	五十二
本生類	八	三	五
雜撰類	四十一	一	四十
因明類	六十六	三	六十三
聲明醫明類	三十五	〇	三十五
工巧明類	二十五	一	二十四
世論類	十二	〇	十二
補遺類	一二三	一	一二二
合計	六七〇	七十五	五九五

此表藏傳的六七〇部之中，漢譯僅出七十五部，而其竟有五十九部是唐宋時代所譯。此可分四項說明其重點如下：

（一）龍樹的本論有二部，即是《七十空性論》與《中觀論》並重，漢譯則僅出《中觀論》；註疏龍樹之學的佛護及月稱二大論師之作，漢譯竟未獲一見。（現

在已有演培法師於一九六二年出版了月稱的《入中論頌講記》）

（二）無著所宗的慈氏五論，漢譯則缺其二。（現在僅缺其一，已見本節註❹）

（三）在因明方面，紹世親之業者為陳那，其在藏傳之中有九部，漢譯僅出四種：《因明入正理論》、《因明入正理門論》、《觀所緣緣論本頌》及其釋，前兩部尚題為商羯羅主造。至於繼起推衍因明之學的大家法稱論師，漢譯竟一無所聞。

（四）關於密乘的解疏成就訣儀軌術要等，漢譯所缺者尤多。

從藏漢勘同具缺之中，亦可見出西藏佛教正是受著印度晚期佛教的時代影響。月稱與法稱以及密乘的無上瑜伽，都是在中國唐代以還，始出現於印土，傳入西藏，遂成為其一大特色。例如西藏所傳印度顯乘論典的作者，約有二百家，漢土所傳僅得二十七人而已。（本目所用資料，係出於《西藏佛學原論》五十一——五十五頁）

註解

❶ 毘曇七部論詳見《印度佛教史》第六章第二節所舉的《發智》、《六足》等七部論。

❷「大乘儀」的藏文原義為「車軌開啟者」，是指開創大乘宗派根本思想的大師。本來僅有龍樹及慈氏二人，布頓增入牙軍與陳那，其實牙軍主無性無相之說，不出龍樹中觀範圍；陳那是無著再傳，不立外境之說，仍屬無著嫡裔。所以在宗喀巴所著《現觀莊嚴論金鬘疏》中，對此布頓的四儀之說頗表反對。

❸ 龍樹六論是指《七十空性論》、《中論》、《六十如理論》、《迴諍論》、《廣破論》、《假名成就論》（此論藏土未傳，或有以《寶鬘論》代替者）。

❹（一）慈氏五論是指《現觀莊嚴論》、《大乘經莊嚴論》、《辨中邊論》、《辨法性論》、《續上師論》，此中一及五的兩種無漢譯本，西元一九四二年已由法尊法師將第一種譯出。

（二）無著五地即是漢譯稱為慈氏所傳《瑜伽師地論》的〈攝本地分〉等五分，西藏傳則謂出於無著的〈根本諸地〉、〈攝抉擇〉、〈攝事〉、〈攝異門〉、〈攝釋〉；所謂「二攝」是指《阿毘達磨集論》與《攝大乘論》。

（三）世親的「八支」是指《唯識三十論》、《唯識二十論》、《五蘊論》、《釋軌論》、《成業論》、《大乘莊嚴經論釋》、《辨中邊論釋》、《緣起經釋》，此八支漢藏兩譯勘同。

❺（一）法稱的「七支」是指《正理一第滴論》、《量決定論》、《量釋論》、《因論一滴論》、《觀相屬論》、《論議正理品類論》、《成他相屬論》。

（二）「七觀」是指《觀所緣頌》（陳那）、《觀三世頌》（陳那）、《觀聞》（善護）、《觀量頌》（法勝）、《小本觀量論》（《觀量頌》的節本）、《觀破他頌》（善護）、《觀相屬論隨順論》（商羯羅難陀）。

（三）「八成」是指《成就一切智頌》（善護）、《成就外義頌》（善護）、《成就破遣論》（商羯羅難陀）、《成就彼世間論》（法勝）、《成就刹那滅論》（法勝）、《成就唯識性論》（寶作寂）、《成就相屬論》（商羯羅難陀）、《成就因果性》（智吉祥友）。

（四）「七重疏」是指對於法稱七支的釋論，其中包括法稱自釋在內，另有帝釋慧、釋迦慧、慧作護、勝者、商羯羅難陀、日護、夜魔梨、律天、寂護、法勝、蓮華戒、勝友、阿祇陀等所作之釋論。這些因明論書，中國均未傳譯。

第二節　西藏佛教的寺院與法物

西藏的寺院　西藏既為佛國，故其寺院之數極多，有謂：「著名大寺，凡三千餘，尋常寺院，不可勝計，招提蘭若，無地無之。」（李翌灼《西藏及蒙古之佛教》二十九頁）這可能有些誇大。據管理西藏宗教事務的大仲譯然巴氏口述，西藏全境有寺院一千七百餘所，喇嘛人數約五十萬（吳忠信《西藏紀要》五十一頁）。人民解放軍進入西藏時，乃為二千四百六十九座寺院和十一萬多的僧尼（《邊疆論文集》一三四六頁）。

西藏寺院的建築，通常是在居高臨下、景色宜人之處，面向東，最好寺前能有一潭湖水。大寺院有若一座小城，房屋成排陳列，高兩、三層。由於藏土木材稀少，建材多係石塊及磚，一般為平頂屋，底層無窗，通常用作儲藏室，通往寺院的路上，幢幡成行，並有各種小塔及刻經石版。

現在將其著名的八座寺院略介如下：

（一）桑鳶寺：有譯作桑耶寺，位於拉薩東南約三十英里的雅魯藏布江北岸。此寺為吃嘌雙提贊王，在寂護與蓮華生大師指導下建成。寺中包括一座大殿、四大學院及其他建築，四周圍以高牆，環繞長約一英里半，其上有磚塔約一千零三十座，正殿大佛像，高達十英尺，寺中所供佛像，大多純金鑄成，並且飾以珠寶，佛前供器，亦幾全為金銀所造。所住僧侶約有千人，原為紅教道場，迄至民國二十九年（西元一九四〇年）以後，始由黃教高僧住持。

（二）布達拉寺：又名布達拉宮，原為藏王松贊干布（棄宗弄贊）所建的宮室，唯因歷經變亂，舊時原貌已不復存。現在的布達拉寺，乃為第五世達賴喇嘛所重修，但也並非完成於他的一代，乃於明莊烈帝崇禎十四年（西元一六四一年）動工，歷時達六、七十年始竣全功。它建於拉薩之平地一座小峰的布達拉山上，寺址廣及山之一半，由無數殿宇組成，緣山建築十三層的高樓，中間金殿三座，殿前金塔五座。第十三層的最高點為九百英尺，比羅馬聖保羅大教堂頂上的金色十字架，尚高出七十英尺，見了像這樣偉大的石材建築物，誰還敢說西藏是個文化落後的地區呢？

（三）大昭寺：相傳是藏王棄宗弄贊為尼泊爾公主波利庫姬而建，用以供奉公主帶去的經像。此寺位於拉薩，坐東向西，樓高四層，上有金殿五座，欄杆殿宇皆係銅質鎏金。中殿供文成公主由中國帶去的釋迦像（兩位公主所帶的佛像，後來被對換供奉）。有棄宗弄贊及兩公主的塑像。

（四）小昭寺：相傳是棄宗弄贊王為唐文成公主思念中國而建，位在大昭寺北約半里處，坐西向東，樓高三層，上有金殿一座，內供尼泊爾公主帶去的阿閦金剛像及多羅尊女像。

（五）甘丹寺：此寺為宗喀巴大師所建，位於拉薩東北約二十五英里處的旺古爾山，其形勢同於布達拉寺，經樓及佛殿之莊嚴則似大、小昭寺，寺內供有許多著名聖像，例如愛染明王等的雙身像、安樂佛像、彌勒佛禪坐像，彌勒之旁為宗喀巴大師本人等量的雕像。最受瞻仰的則為宗喀巴大師的舍利塔，供於此寺正殿，由大理石及孔雀石（俗名松綠石）建造，上覆金頂，內置純金塔碑，大師遺體做端坐狀，上覆的五衣均附有陀羅尼偈。寺中另供有死主閻摩（Yama Rāja）即是主理死亡的神。此寺的住持繼承，與另外的兩大寺一樣，係由本寺及色拉與哲蚌三大寺推選高德喇嘛陞任，而非呼畢勒罕轉世。常住僧侶達三千三百人。

（六）哲蚌寺：此寺為宗喀巴的及門大弟子斂欽所建，位於拉薩之南三英里處，依山建築，層樓四布，金塔纍纍，乃為西藏寺院勢力最大的一座，也是今日世界最大的一座僧院。全寺分成七個各自獨立的學院，每院有一位大喇嘛「堪布」負責，它的財富據說不在西藏政府之下。全寺住眾七千七百人。

（七）色拉寺：此寺位於拉薩之北約三英里處的山坡之麓，係為宗喀巴的另一位及門弟子斂樣所建，層樓碉房，參差高聳，層層相疊，三座大殿，金頂插天，極其壯麗。全寺分成四個獨立的學院，住眾五千五百人。寺中藏有金剛杵一枚，長近二尺，一端如三稜鐧，一端成人頭形，相傳是在建造此寺之時，由西天竺飛來，藏人敬畏，每歲十二月（約二十七日）迎至布達拉宮，首由達賴頂戴，再傳返色拉寺，任由百姓前往頂禮。

（八）札什倫布寺：此寺位於後藏，與後藏首府日喀則東西毗連，近於雅魯藏布江之南岸與年楚河的出口匯合之處。係第一世達賴喇嘛所建，背山臨河，殿宇宏敞。共分四個學院，三院為學顯乘教義，一院進修密乘咒經；每院又各分四級，循序向上。自第五世達賴之後，此寺即成為班禪的系統。全寺住眾三千八百人，盛時則達七千人。

西藏佛教的法器　所謂法器，是指法物器具，包括供具和用具。這在佛世，就已規定比丘應備三衣、缽、具、濾水囊等，在流傳於中國的梵網菩薩戒中，也規定頭陀比丘須備十八種物。不過，原始佛教，非常樸質，不若後世密乘之重視繁複的儀軌及各種場合所用特定的法器。因此，西藏佛教之重視法器，也是密乘的特色之一，主要是晚期印度佛教吸收了印度教中的可取之物而傳入西藏，其中也有受自苯教的。中國內地的佛教，古來對法器的使用也很樸質，後來受道教及密教的影響，特別是到元朝之後，法器的名目始日漸繁多。

西藏的法器，名目極多，現就其常用而主要的，可分為如下的六類：

（一）禮敬用的：1.袈裟，此與中國的衣，義同而式異。2.掛珠，此珠分有菩提子、金剛子、蓮子、水晶、珍珠、珊瑚、琥珀、瑪瑙、玻璃、青金、白金、木槵子、人頭骨等的種類；修何類法，即選用一定種類的珠子掛於項間。3.哈達，此為絹織特製的長方形紗帛，乃藏人社交中必備之物，送禮、拜客、謁見喇嘛，乃至與友通信，均須贈獻哈達，用表敬意；因有身分的不同，所用哈達也分大小、長短、闊狹，用時均有定制，不得混同。

（二）稱讚用的：1.鐘，此有各種大小不同的形式。2.鐸，此有金舌和木舌的二種。3.鼓，此分有大鼓、腰鼓、羯鼓、銅鼓等類。4.鈴，此分大小種種。5.鐃鈸，大的稱鐃，小的稱鈸。6.篳篥，樣子同笛。7.骨笛，此用人骨製成。8.六弦琴等。

（三）供養用的：1.香爐，式樣很多。2.燈台，也有很多式樣。3.水盂。4.供獻器，例如瓶、盤、盆、缽、盃、盌等等。5.幢，此有羽毛、寶石、絲絹等類，式樣有如旗節。6.旛，此有長短、大小各等，式樣如船上用的風旂。7.華蓋，也有種種不同的式樣。8.瓔珞，戴在頭上為瓔，掛於身者為珞，係用珠寶綴成。9.花鬘，分有長、圓、圈、條等式，也是用諸種花寶綴成。10.花籠，此係用作盛花的器具，質料分有金、銀、竹、木等類。

（四）持驗用的：1.曼荼羅，此為修持密法所用的壇，分有方、圓、三角等三種式樣。2.念珠，此與掛珠不同者，是珠粒較小，而且掛珠皆為一百零八粒，念珠則有一百零八粒與一千零八十粒的兩種（此一珠數正與印度教濕婆派之一所用者相同，然亦正合於佛教的百八煩惱之數）。3.金剛杵，此分有一股、三股、五股之三種，質料則有金剛與香木之別。4.杵鈴，也分有一股、三股、五股的三種。5.輪，其式樣甚多。6.鼓，分有大鼓與雞婁二種。7.引磬，此與中國所用的相同。8.木魚，也與中國所用相同。9.灌頂壺，此為喇嘛為弟子做祕密灌頂時所用的祕密水壺，式樣也分很多。

（五）護摩用的：1.曼荼羅，有種種式樣。2.爐，分有方、圓、三角的三種式樣，隨法而用。3.護身佛，以銅鑄成佛像，裝在銀盒內，或頂於頭，或佩於胸。4.祕密符印，此分有方、圓、三角之三式，又分有護身、護家、護國、鎮宅、驅邪、除災、增福等的種類。

（六）勸導用的：1.摩尼輪（Mani-hkhor），其形如桶，中貫一軸，以手撥之，即會旋轉，上刻〈六字大明咒〉（又名〈六字觀音咒〉、〈觀音六字明咒〉、〈六字明咒〉）。2.祈禱筒，其式如摩尼輪而較大，係以風力、水力或器械來旋轉的。3.祈禱壁，用版刻上〈六字大明咒〉，掛之於壁。4.祈禱幢，幢上寫有〈六字大明咒〉，以竿揭於屋頂。5.祈禱石，石上刻有〈六字大明咒〉，置於山麓或途中。此等均為西藏民間，家家戶戶在日常生活中，所用的法器。

西藏的齋節法會　西藏佛教的法會很多，現在舉其要者如次：

（一）傳召大法會：此為每年以正月十五日為中心的前藏全區性的大法會，由正月初三、四，至遲不過初五的一日，拉薩三大寺全體僧眾，集合於拉薩市區；其次定期在另一日的下午，前藏各寺院的僧眾均至大昭寺集合，次晨四時光景，集眾誦經，有茶及稀粥各人一碗，誦經後即做誦戒布薩；再次即為考取格西學位的辯論會，一日一人；至每日下午三時許，大眾又集合誦經，用茶而不設食；之後又為格西考選的辯論會，直至夜半方散。此一傳召大法會，要延續到正月二十日左右始結束。

（二）小昭寺集會：此一法會在二月舉行，儀式、人數、程序，與大昭寺的法會相同，不過在此會期，高德尊貴的喇嘛如不願參加，可以請假。所考取的格西學位，也次於大昭寺集會，而為第二等級。

（三）浴佛法會：每年四月八日，隆重舉行。

（四）寶貝佛涅槃大法會：寶貝佛是藏人對宗喀巴大師的尊稱，他的圓寂紀念日是十月二十五日，雖然不必集合三大寺的僧眾在一處誦經，但在各寺舉行的大法會，情況要勝於浴佛節。黃教各寺，在此法會期中，無不極盡其莊嚴隆重之能事，陳列精巧燦爛的酥油燈，經過巧匠的構造，無一燈不顯出萬千的氣象，乃至民間也是家家戶戶，都懸點一座酥油燈，因之又被稱為「燈節」。

（五）齋月：西藏民間，以每年的正、二兩月為大齋月，或稱大祭月。元旦為跳舞祭，二日為飛繩祭，三日為翻杵祭，皆於布達拉宮舉行。正月六日至二十一日為大施祭，拉薩各寺僧眾，集合誦經，而且接受布施。正月十五為燈祭，十八日為驅魅祭，二十日為觀兵祭，二十五日為競馬祭，三十日為驅魔祭。二月十七日為舞蹈祭。藏地既為佛國，所以無有一種齋祭，不延僧侶，不做佛事。不論老幼男女，當在齋祭之月，無不至誠念誦〈六字大明咒〉，身佩護佛、舍利、經卷、念珠、護符等物，手持摩尼輪，旋轉不息。

〈六字大明咒〉相傳世尊住世之時，曾面囑觀世音菩薩，救度雪山（西藏）的眾生，此一懸記出於《文殊師利真實名義經》，所以西藏是觀世音菩薩的化土，在西藏佛教史上，佛法初傳西藏之時，即有觀音菩薩的〈六字大明咒〉，那便是刻在「寶玉」上的六個梵字，現將此六字的梵藏漢音對照列表如後：

藏字	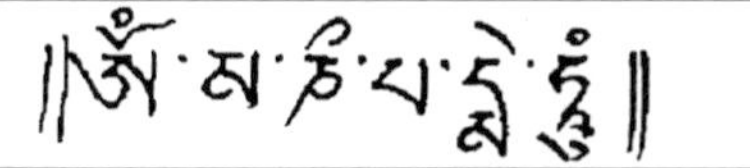
梵字	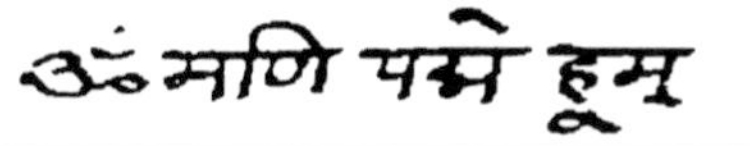
藏音	oṃ maṇi padme hūṃ
漢音	唵嘛呢叭彌吽

此表的梵藏字體係摹自李翌灼的《西藏及蒙古之佛教》十一頁。在漢文藏經中雖亦有數種《六字明王經》，然均與此不同，所以此為西藏佛教的特色之一。漢文譯音讀成「唵嘛呢叭彌吽」，實則應當讀成「嗡嘛呢叭嗬彌吽」，意為祈求在蓮華藏中的佛，日本學者把它與西洋人祈禱時所念「天上的父」並論。在西藏則將此六字視為一切萬法的原理，諸世出世法，無不盡在於此六字之中。以「嗡」字為佛部心，「嘛呢」字為寶部心，「叭嗬彌」為蓮花部心，「吽」字為金剛部心：所以〈六字大明咒〉已包攝了理事或悲智的全部。具足萬德，成就萬行，只要念此〈六字大明咒〉，循環往復，持誦思惟，念念不絕，久久則心體顯現，即得證入無

量法門，成就一切大功德聚。此咒以「叭啃嘛」為咒心，「叭啃嘛」即蓮花之意，蓮花即是眾生的本源心海。可知這個明咒威德不可思議，含有極深的哲理。故在西藏，到處可以聽得有人持誦它，也隨處可以發現此咒的文字，藏人之人人會念此咒而常念此咒，一如漢人之人人會念阿彌陀佛。

密乘重視咒法，因此，又有利用人之平常呼吸的入、住、出，在一口氣的往復之間，念出Oṃ、āḥ、hūṃ三個字，漢文譯音是「唵啞吽」，實則應當讀作「嗡啊吽」。這是三個極其神聖的字音，如果隨著呼吸不斷地念誦，念到不念而自念，念與不念了無差別，並且晝夜無間，便稱為「金剛念誦」。一晝夜間可以念到二萬一千六百次的金剛念誦，即能與本尊合一，契入理體法性；因這三字代表本尊，本尊常在吾人的呼吸之間出入往復，吾人即住於本尊的法身而入於第一義諦的真理之中了。

以上所舉兩咒，為西藏通行的法門，漢文系的佛教雖不常用，但已收入焰口之中，故也並不陌生。同時也可藉以了解，現行焰口的壇場及內容，受有不少西藏佛教的影響，且其為時並不太古。

西藏佛教有很多特色，讓我們到下一章中再介紹吧！

第六章　西藏佛教的特色

第一節　何為喇嘛教

喇嘛的語意　西藏佛教俗稱為喇嘛教（Lamaism），其中含有與其他地方的佛教相異之意。從原則上說，西藏佛教是晚期大乘的印度佛教，當這一支在西藏移植成功之時，印度的佛教就告滅亡，所以，西藏佛教是繼承印度佛教的餘緒而獨立發展。但是，既然說到「發展」兩字，它就不是純粹來自印度的要素了。所以，我們可以這樣說：所謂喇嘛教，乃是印度晚期大乘佛教加上西藏本土的宗教思想而完成。

自從蓮華生大師入藏時起，印藏合璧的密教，便打下了基礎，也為藏土人民所歡迎，後來雖經阿底峽大師提倡律儀，成立清淨僧團，結果並未成功；到了宗喀巴的銳意改革，始將雜亂的迷信，排之於佛教之外，可是，除了黃教的喇嘛遵守比丘律儀，紅教喇嘛依舊不度比丘生活，何況縱然是黃教的內部，無形中也藏有好多西藏民族特有的色素。

「喇嘛」一詞，是根據藏語 bla-ma 的漢字譯音，這本是個 bla（上）與 ma（人）的複合詞，喇嘛連起來直譯，便是「上人」之意。上人本為佛子中高德者的尊稱，即是上德之人；內有德智，外有勝行，在人之上，故名上人；此與梵語印度教中的古魯（guru）一詞相當，即是「師匠」或「師範」的意思。可知此非西藏的發明，西藏佛教最初在徠巴瞻王時代，將佛子分為師弟三位，唯有在師位者稱為喇嘛。因為西藏佛教特別尊崇喇嘛，所以外人稱呼他們是信奉喇嘛教；好像我們中國佛教特別重視菩薩精神，許多寺院甚至僅供菩薩像而無佛像，因此南傳佛教徒就戲稱我們是信奉菩薩教。實則，西藏僧人既不人人皆是喇嘛，也不自稱是喇嘛教；中國佛子亦非人人自命是菩薩，更未把佛教自稱為菩薩教。

西藏佛教之稱喇嘛，一如中國佛教之稱和尚，和尚本為印度對於師尊博士的稱呼，也就是老師的意思，不限於男性，乃至不限於佛教專用，故在《雜阿含經》卷九第二五三經（《大正藏》二．六十一頁下——六十二頁上），外道也有和尚及和尚尼的稱呼。在藏文文獻中，也有稱婆羅門教的高僧為喇嘛的記載。和尚之在中國，最早也只用於高德的比丘，後來即泛指一切的男眾出家人，女眾則被列於和尚之外，這同樣是通俗之間對此稱呼的誤用，佛教本身並未如此使用。唯對西藏的男女僧人均可被安上喇嘛的稱呼，故與中國習俗又略有不同。

西藏人並不自稱是喇嘛教，而稱「撒蓋耶基確斯」（Sans-rgyas-kyi chos），意為「佛陀的教示」或「佛的宗教」；又稱為「南確斯」（Nan-chos），意為「正統的宗教」或「內道的宗教」，以別於外道的苯教；藏人將苯教則稱為「西藏宗教」，以表示佛教是由印度傳入的宗教。

根據達斯氏所著藏英字典中，對於喇嘛（blama）一詞的語源，曾提出與brahmin（神智者）或 Brahmā（至上之神），有關聯的說法。後來，俗間將所有的西藏佛僧普稱為喇嘛，紅教僧侶又極嗜酒，而且每飲輒醉，因此見到喇嘛就聯想到醉字，故在中國東北的北部，喇嘛是「醉」字的通用語，這是離開此詞的本意愈來愈遠了。實則，西藏佛教對於一般僧人的稱謂是「札巴」（grwa-pa），意為「寺人」或「入寺學佛的人」，唯有高德尊位者，始被稱為喇嘛，例如達賴與班禪等，才是喇嘛，普通僧人是不准濫用喇嘛這個尊稱的。

喇嘛崇拜　西藏是一個以佛教信仰為民族生命的地域，當他們由原始的苯教過渡到了佛教信仰之後，一切的傳說和歷史，均以佛教為中心，各部落酋族間的團結因素，也是為了有個相同的佛教信仰。因此，產生兩大特色：1.在個人方面，他們選定各自的宗教之師「喇嘛」做為絕對的皈依者。2.在社會方面，他們對於喇嘛組成的團體持有絕對皈依的態度。3.藏人的日常生活、生婚壽喪、疾病治療、農耕畜牧，乃至出外旅行，無不由喇嘛為之祈禱、占星而後，才能行事。

因據西藏人的信仰，西藏為佛陀指定觀音菩薩的化區，西藏是佛國淨土在人間的化現，是觀音菩薩救濟加護的國土。故將歷代西藏的名王及高僧，均視為觀音的化身，例如深信達賴喇嘛是觀音化身，班禪嘗為達賴之師，故亦信班禪喇嘛是阿彌陀的權現，或說是金剛持的應化。達賴自第五世起，世世名為聖觀自在，並仿印度南端觀音聖地普陀洛迦山（Potalaka）之名，稱達賴在拉薩所居之宮殿為「布達拉」宮，即是普陀洛迦山的轉音。又由於西藏的山岳重疊，藏人即自稱其為蓮花之國，拉薩是蓮花中央的蓮台。所以，住在西藏，均是有福的人，住在拉薩，更是幸運。全藏人民均要朝禮拉薩，藏人負擔的稅額很重，拉薩的人則可享受免稅的優待。

因此，在西藏人的心目中，除了佛教，沒有國家觀念也沒有民族意識；除了佛教的高僧及佛菩薩的教義，沒有聖賢可敬也沒有倫理可以遵循。

根據原始佛教的思想，皈依佛教是指三寶的全體，皈依師的接受皈依，乃是僧寶或僧團的代表者，並無特定的個人崇拜。到了晚期的印度大乘密教，由於祕密法門的傳授，有採取印度外道的思想，有一類印度外道則特別重視師師傳授的師承關係，而且對於老師是抱百分之百的敬信——教你殺，你不得不殺；教你淫，你不可不淫。例如佛世的羅漢弟子鴦掘摩羅，本向外道學習之時，外道師教他殺千人可以生天、可以得道，他就照辦不誤。再有，禪定法門均須師承親傳，瑜伽師即恪遵此一軌範。密教襲取印度外道及瑜伽師者很多，重視師承乃意料中事，況且對宗教師的神聖感或靈威感，亦為苯教的傳統信仰。因為宗教師是人神之間的媒介，尤其他們具有好多種一般人所不能為的特長，此則各原始宗教共通的特質。

西藏人之崇拜喇嘛，尚有另一因素，即是佛教輸入西藏之後，藏人求法的精神，如飢如渴，為了學法，往往集眾結伴，遊學印度。可是，藏土氣候乾燥寒冷，印土氣候潮濕炎熱，由於水土不服、環境迴異，加上旅途的跋涉，遇險或病亡者極多，在十人、八人的一隊求法僧中，難得有兩、三個人生還藏土。當這些歷盡折磨艱險而學成返藏的僧人，回到本土，自然就會受到敬仰和崇拜而如神明。

皈依四寶　根據西藏的思想，以為學佛者首要在具信心，要對三寶、業果、四諦法等生信，特別要信師尊。如何信師？《金剛手灌頂經》云：「祕密主，學人於阿闍黎應作何觀？當視如佛。」因為常人於佛，皆不致生起尋過之心，唯有思其功德，於師亦應如此，故須視師是佛。同經又說：「當持師功德，無尋師過失，觀德得成就，察過不得成。」假如由於放逸及煩惱熾盛，對師生起尋過之心，應當勵力懺改，如此修習之時，縱見稍有過失，由於念德之心盛於尋過之心，仍不障礙信心。萬一於師失去信心，必將一無所成。（見《略論》卷一．四十頁）

敬信阿闍黎，當視如佛的觀念，本為諸大乘經及律藏共同所說。但像西藏那樣，在三寶之上，更置一喇嘛，而成皈依四寶，則為密乘的特色。根據布頓之見，以為師及善知識，乃是理解金剛持的必備的條件，有師始知有金剛持，無師也就無佛。所以大譯師馬爾巴，每有讚頌，總是先讚他的喇嘛，而稱「稽首至尊那露波」；密勒日巴每有讚頌，也必先讚他的喇嘛，而稱「稽首至尊馬爾巴」。他們信佛學佛，卻殊少讚佛，因為他們的喇嘛，已經包括了佛、法、僧三寶的全部，除了喇嘛便沒有三寶。這種個人對其特定的喇嘛信仰和皈命，乃至以自己的身、口、意，悉數供養和皈投喇嘛的精神，確與佛陀設教的阿闍黎有所不同。日本學者以為這與印度教的古魯（師匠）崇拜，是相當的。

西藏僧人確信，在喇嘛之前，不聞有佛，雖千劫之佛，亦依喇嘛而存在。因為吾人若不依喇嘛的引導，不會知有佛教，不從喇嘛的教誨傳承，我們不能入佛，更不能夠成佛。所以，過去諸佛，佛佛皆由喇嘛的教授，而得信、解、行、證。喇嘛是救度吾人的導師，由喇嘛而有三寶，所以各自的喇嘛應在三寶之上，先皈依了喇嘛，然後才能皈依佛、法、僧三寶；喇嘛固以三寶開示弟子，弟子皈依的第一對象，卻是自己的喇嘛。喇嘛教雖無皈依四寶之名，確有四寶四依之實。喇嘛與三寶並列，統一三寶之實體卻是喇嘛；三寶不免抽象，喇嘛則是實際的實人實事，故也頗感親切。所以，喇嘛成了萬善萬德的總體，已集由來的佛、法、僧功德於其一身。奉侍喇嘛，即等於供事三寶；積聚善根的主要方法，也就是供事喇嘛。求取喇嘛的欣悅，便能除罪積福，為博喇嘛的滿足，縱使犧牲自身的生命也當在所不惜。這在《密勒日巴尊者傳》中，記載接受其師馬爾巴的再三再四的「無理」折磨，仍不對之生起邪見，結果始知那些折磨，並非無理，乃為使他罪除障消、獲大成就的一種方便權巧。

喇嘛崇拜的流弊 喇嘛崇拜的本意，是在尊師重道，為弟子者固須竭盡一切的財物來供奉喇嘛，身為喇嘛的人則非貪欲之輩可比。例如馬爾巴的一位弟子，為了求法，把全部財物奉獻出來，只剩下一隻跛腳的老山羊沒有帶來，馬爾巴便不肯傳他的灌頂和口訣，一定要他親自把那隻老山羊背了來，才非常歡喜地說：「所謂祕密真言乘的學人，就要像你這樣的弟子。其實，一匹老山羊，對我有什麼用呢？不過為了奉法和重法的緣故，這樣做，是必須的！」馬爾巴又曾告誡他的大弟子密勒日巴說：「如果為了財寶、名利、或希望受人恭敬、或因為個人的偏愛，而傳此法，那就犯了空行（即是明妃，密部的女性部主）的誓語！所以你應該特別謹慎珍惜這些口授，好好的依『訣』修行。若遇見有善根的弟子，縱然他非常貧窮，沒有任何物質的供養，也應該傳他灌頂口訣而攝受他以弘揚佛法。」又說：「要知道我對於財物的供養，根本就不在意；你拿努力精進修行來做供養，才是我真正歡喜的供養。」（均見《密勒日巴尊者傳》）

可是，喇嘛既受崇拜，就鼓勵了更多的人去學喇嘛，只要下定決心，不怕吃苦，努力修學，便有成為喇嘛的希望。喇嘛對於弟子的要求是財物的供養及絕對的服從，於是形成了喇嘛階級的特殊地位和權力。一般人民的財富便向喇嘛的寺院集中，結果便是治者階層與被治者階層的出現。一般人民淪為奴隸不如的生活，他們依舊毫無怨言，僧侶階層漸漸由於權力的威勢而墮落腐化，僅藉信仰為名而逐聲色貨利之欲。紅教喇嘛受了印度教濕婆派女神崇拜的影響，他們以飲酒、食肉、行淫為成佛的無上法門，所以視蓄妻生子乃為常經。

正由於喇嘛不持獨身生活，且以行淫為無上瑜伽的究竟法門，故有喇嘛在接受弟子供養的美名之下，將弟子的妻女占為己有。在元朝時代，紅教喇嘛橫行，往往闖入民家，趕走男子，姦淫女子。加之西藏地方，並不重視處女貞操，一般信徒，竟有以妻女和喇嘛伴宿為光榮，女子以接納僧侶為受寵、為神聖，如果因之懷孕生子，亦被視為神聖。這就是喇嘛崇拜所引生的流弊了！

本性金剛乘　在佛教的根本思想，以淫欲為眾生生死的主因；行男女媾合，乃為障礙解脫道的惡法。故在居家的修道之士，亦應禁斷邪淫，出家沙門，則戒一切的淫行、淫語，乃至淫念的生起。

但到晚期的密乘，受了印度教性力派的影響，就有以淫行為修道的無上法門了。說起它的源頭，可從《布利哈德奧義書》第一篇第四章中發現：最初的宇宙，僅是一個原人（Puruṣa）的自我，因覺得不快樂，便將自己一分為兩（pat），於是便有丈夫（pati）和妻子（patinī），他擁抱她，人類便產生了。這是一種宇宙的創造論，和中國的陰陽或乾坤的思想正相同。既以人類的男女兩性做為宇宙的原理，男女兩性的交抱，自亦應當視同宇宙人生的最高原理了。

這種思想進入密乘，便賦予佛學化，以「般若」的大智、「方便」的大悲，來適應它，就成立了男性和女性的原理。將般若的「空」性，配合女性的陰戶；方便的「有」相，配合男性的陽具；於是般若可以指為少女、妹、母、娘、金剛女，乃至賤民的女性。經中也有諸佛以般若為母，方便為父之喻；女性既為佛母，方便則指為男性的種子。悲智雙運的結果，乃是涅槃的大樂（māhasukha，大幸福），男女雙身的擁抱交合，即是無上瑜伽的極則；因而成立本性金剛乘（sahajī-ya-vajrayāna）。因為涅槃的大樂，是般若空性與方便有的融合，那是超越了有與無、主與客、清淨與雜染的絕對境界。

然而，密乘的無上瑜伽，雖行男女交會之事，卻與一般凡夫的情欲不同，若因性交而使「菩提心」下降（因高潮而出精），乃為絕大的禁忌，所以此法不是常人皆得而修的，若出精，便與凡俗無異。但若為給弟子加持，阿闍黎得以慈心下菩提心，故將所出之男女精血，稱為赤白二菩提心。

總之，密教的性瑜伽（sexual yoga），與印度教的性力派（Śakti），淵源特深。例如性力派有男女二神的擁抱交會之像，密乘也有男女本尊合抱相應的雙身之姿；性力派的印度教聖典，名為怛特羅，晚期佛教的密典，也叫作怛特羅。

不戒女色　大樂的修道思想，以淫樂為修道的思想，為何不傳播於其他地區，卻在西藏及尼泊爾盛行，這與西藏的原始信仰有關，據陳澄之的《西藏見聞錄》一七七頁以下說：「西藏原始時代在播種的季節以及秋收後的歲末，舉行慶典時，把性交視若重大儀式之一。直到現在秋收大宴，狂飲高歌歡舞，依舊有著當年放縱男女性關係的蛛絲馬跡可尋。」

「阿木多（安多）人有著這麼一個古老的神話：辛瓦（潔淨之神）在他的妻子死了之後，心灰意懶，瘋瘋癲癲，投奔在林子裡慟哭愛妻。一個隱士的嬌妻在林子裡遇到辛瓦，不相信他那麼一個瘋子，還會有女人肯嫁給他。辛瓦惱了，就捉住那女人跟她發生了肉體的關係。待那隱士闖來，辛瓦走了。隱士妻的陰戶上留有一朵蓮花，過了十個月，花落蒂墜，一個嬰兒生下來。」

「蓮花裡插羊頭木（一種野生奇堅的灌木）是雅魯藏布江兩岸最古老的男女性交象徵。」

「察克雷普甲（後藏）一帶的人把性交視為非常神聖。」

這種思想和信仰，實與印度教性力派相為伯仲。性力派的修持法中，有五摩字真言，西藏也就全部接受，認為五摩為人生的基礎，其中之一，就是性交（maithun）；性力派有「聖輪」（śrīcakra）會的修法，西藏古時則有圈圈節，做的便是同樣的男女集體成雙的性行為。此可參閱另一拙著《比較宗教學》第四章第五節七目以下。

西藏密乘的性行為，稱為灌頂大法，現據印順法師的《印度之佛教》第十七章第三節所舉的兩種灌頂如下：

（一）密灌頂：為弟子者先得一清淨的明妃（女子），引至壇場（maṇḍala）。弟子以布遮目，將裸體明妃供養師長。師長偕明妃至幕後，實行和合之大定，弟子在外靜聽之。事畢，師長偕明妃至幕前，以男精女血（甘露）即所謂「赤白二菩提心」者，置弟子舌端。據說，此時的弟子，觸舌舌樂，及喉喉樂，能引生大樂。師長授予祕密甘露，故名密灌頂。

（二）慧灌頂：嘗了甘露味之後，弟子除去遮目之布，師長即以明妃賜弟子，並指明妃的「婆伽」（陰戶）而訓勉弟子：「此汝成佛之道場，成佛應於此中求之。」並剴切誨以一切，令其與明妃（智慧）入定，引生大樂。與明妃性交，明妃表徵智慧，故名慧灌頂。

此到宗喀巴改革之後的黃教喇嘛，已禁止實際的性行為，但在修到無上瑜伽的大樂行法，仍以「智印」（作觀）代表實際，正因如此，反被紅教批評為不究竟。

這種行法，看似不可思議，但在密乘，也有他們的理論。據布頓的解釋，大成就（Mahāsādhana）者，達於究極之境，便是無住處涅槃，那是一種不分有欲與無欲的境界。在大欲樂中，安住於定的工夫，絕非常人所能，所以此乃密乘的最上法門，沒有基本的修持，不得窺其祕奧。他們以男性之本尊表示方便，以女性之本尊表示智慧；以方便為父，以智慧為母，父母相應，便是瑜伽法的福智圓滿；男女雙身，便是悲智雙運；修持者觀想本尊，與本尊合一，便是即身成佛。因此，這個工夫分成四段：一是男女相視；二是男女相笑；三是男女握手；四是男女交抱。第四階段名為「大瑜伽怛特羅」（Mahāyoga-tantra），在強烈欲樂的交抱之際，能達成身心的統一，便是無住處涅槃的境界，便是成佛。這是一種無分別的境界，故於修成之後，對不淨之物，反以為淨，將大小便及男女性交所出的分泌物等，也被視為五甘露而取來飲食。這種思想與佛陀的根本教義配起來講，似乎也能講通，但此絕非常人的修持方法，所以宗喀巴要起而反對了。

然而，這一行法，確為密乘的特色，例如《歡喜金剛》中說：「智慧（明妃）滿十六（歲），以手相抱持，鈴（陰戶）杵（陽具）正和合，阿闍黎灌頂。」就是指的此法。經過這種灌頂的弟子，始能修行無上瑜伽，以女人的肉體為壇場，以陰戶為蓮花，由登蓮花而達於修持的終極——最高的歡樂（Paramānanda），以欲制欲而達於無欲，便是得大成就。通常是以十二歲至十六歲的少女為明妃，最多可至九位，這倒與中國道教房中術相傳黃帝以九鼎（九女）升天，不謀而合。修行此法，有嚴整的儀軌與口訣，絕不許亂來。選擇少女的原因，是在少女的欲心不強，加以指導就可修行；否則，如遇女人的淫欲熾盛而不能自持，只顧淫樂放縱而不顧儀軌法則，那就修不成了。所以，真正修持此法的人，的確不是為了貪圖淫樂的享受；而且，在藏人的心目中，並不看重肉體的享樂，僅以肉體暫時的「操作」，達成精神的永恆解脫。此可在以下的討論中，使我們理解出來。

薄葬與食肉　因信人生的虛幻，五蘊之身無足可貴，要緊的是藉此色身而修證解脫。所以，人死之後，死屍已無價值，神識離了人身，已經他往，或者轉生，或者解脫，故對死人的觀念，藏人看得極其平淡。人死之後，即用穢毛布包裹起來，將屍體的兩膝綑於胸前，頭曲於中間，縛作一團，置於房屋的邊上。然後擇日發喪，把屍體放在一隻大銅缸裡，抬至荒野，由專業殯葬的賤民「雷噶牙布普」取出屍體，放在大石上，首先砍掉屍體的四肢，然後迅速地剖開肚皮，挖出內臟，拖擲在山崖上，口裡發出怪叫，山裡的兀鷹聞聲飛來，飽餐一頓，吃得愈乾淨喪家愈歡喜，西藏人稱此為「鳥散」。萬物既由地、水、火、風的四大假合而成，人死之後，便藉飛鳥之力而使此身歸於四大。此種葬法，在印度古代即有，稱為「天葬」。這在主張厚葬的民族看來，確有野蠻的感覺；若以佛理而論，能以此一無用的死屍，最後仍與飛鳥結緣，而且免除許多浪費，實在有其可取之處。在西藏則另有其環境使然的原因：第一，古代游牧者無法保存亡者的屍體；第二，藏土木材奇缺，不便做棺材；第三，藏土多岩層，挖穴不易。

由於這一不重視肉體的思想，西藏雖也同為大乘佛教，卻不如中國佛教之主張素食。中國的梵網菩薩戒輕戒第三條，明文規定：「一切肉不得食，斷大慈悲性種子。」「不得食一切眾生肉，食肉得無量罪。」第二十條又說：「而殺而食者，即殺我父母。」西藏佛教則不然，他們以為修行人食眾生肉，是與被食的眾生結緣，吃了他們的肉而來修持佛法，他們的肉體雖被吃了，神識則因此而得超脫，所以食肉並無罪。不過，他們自己不殺生，牛羊的屠宰，乃是賤民及住在西藏的穆斯林的專職；同時，他們另有一個自圓其說的理由，他們吃牛羊肉而不吃魚蝦，他們說同樣是吃眾生肉，一頭大的動物如牛或羊，可供多人分食，若是吃魚蝦蛤貝，那就需要好多眾生始供一人之飽，所以不論僧俗，只吃大的牛羊而不吃水產的魚蝦。其實，此乃由於西藏地處高原，雖以農牧兼營，農作不敷食用，也不足禦寒，所牧的家畜則以犛牛及羊為大宗。正如十四世的達賴所說：「在西藏，大多是氣候酷寒的地方，雖然有很多食物，但種類卻有限得很，不吃肉不能保持健康，而且在佛教未傳入以前，早已纏綿著這種習慣。西藏人以殺死任何牲畜為一種罪惡，不論任何理由，可是他們並不以為到市場去買一種已經死去了的動物的肉是有罪的。屠夫們宰殺獸類則認為是罪人和無賴漢。」又說，在他們西藏的「鳥類和野獸們」，「都信步而行，不怕人；因為我們的人民都是佛教徒，絕不會存心傷害一頭活活的生物的。」（見於《海潮音》四十五．十一頁，可華居士所譯〈活佛的轉世〉）

可見，戒殺慈悲，亦為藏人普遍的信仰，故當阿底峽入藏之後，西藏便廢除了死刑，那是西元十一世紀。在藏僧之中也有素食主義者，例如現在的第十四世達賴喇嘛，就是一位。因此，西藏的農耕也忌用鐵器，唯恐殺傷了地下的蟲蟻，以致生產量大受影響。

長期苦修　藏人不重視物質的色身，卻主張利用此肉體的苦修而達到精神的解脫，所以在西藏的深山中，苦苦修行的僧人很多。一般僧侶要想有成就，總要經過這樣的階段：他們單獨地將自己封閉在山間的小石洞中，僅留一孔遞送飲食，通常每天只有一餐，在漆黑的洞內，主要是修習止觀。有人在洞中一住就是二十多年，便被視為聖者；如果發現送去的食物久久不被取用，就說明此一聖者已入涅槃，打開洞窟時，若其仍不出定，便把他葬了。

西藏有一句口頭禪：「呼吸急躁，思想粗暴。」他們在洞中的第一步工夫，便是在謀求思想作用與呼吸作用的相互為用，運氣正思而能操縱自如。第二步工夫，是逐漸消除不必要的思想，使全心集中在一個意念上，然後再將心念思想完全抽空。先使心境如風平浪靜的海面，平明如鏡，澄清見底，而後才是達於超直覺的純精神界，那便是自在無礙的無我解脫。

因此，要想成為一個有大成就的大喇嘛，首要的條件是先得吃上數十年的苦頭；吃苦修行之後，能否有所成就，尚得視個人的根器而定。他們的最大希望是在即身成就之後，轉世即成為喇嘛的貴族階級，那便是活佛。

第二節　活佛制度

呼畢勒罕　宗喀巴以前的薩迦派，法統是以父子相承為準，在印度的佛教是以師弟相承；然均不免有制度及思想上的紛歧，父子師弟之間，未必完全一致，所以教派學統不能維繫長久的穩定。宗喀巴因此而仿襲迦爾瑪派的制度，當他入寂之時，即命其八大弟子中的兩人，以「呼畢勒罕」（Hoblighan, khublighan）世世為其傳人。

「呼畢勒罕」在蒙古語中意為「自在轉生」，也即是「再來人」之意，詳釋語意，應謂：「身死後，能不昧本性，寄胎轉生，復接其前世的職位。」凡夫未除妄念，只有隨業轉生，不能自在，常轉常迷而不自知；若已除淨妄念，證實法性，便不為業轉，而能自主生死，自在轉生，隨緣度眾，即名為呼畢勒罕，藏語原名「祖古」（sprul-sku，化身）。

這個自在轉生的思想，是由輪迴受生加上佛陀三身的信仰而完成。佛教深信一切已獲解脫的聖者，便能不受生死業力的束縛；大乘聖者行菩薩道時，皆可示現奇蹟，隨心所欲地應現種種形相、種種類別，隨機攝化眾生，此種變現的身形，即與佛陀三身之一的應化身同一性質。

所謂三身，即是：1.法身：此為無色無形、如如不動而又無不遍在的理想或本體的佛。2.報身：此為圓滿功德的表徵，即是修成福慧圓滿之時的結果。如果僅有遍在的本體法身，那便落於泛神論中，泛神論的宇宙本體是無意志的，佛陀的報身是有意志的；享受究竟寂滅的法樂，或為化度眾生而起的應現身，均為報身的功能。3.應身：此即為由報身化現的色身，可化為眾生和人，例如釋迦世尊，便是應身佛，縱然他是在此一身分的人而成佛，成佛之當下，他已另有圓滿的報身和遍在的法身，這個人間的色身不過是應現成佛與化世的應身。此一應身入滅，也就永不再來，要來則為化現另外的身分，因為時節機緣，處處不同，時時不同。至於諸大菩薩，他們雖亦各有功德所感而住的淨土，如觀音、勢至住於彌陀淨土，卻可不離本處而應化十方，這種由於悲願濟眾而做的自在應現，便是「呼畢勒罕」。

不過，生生轉世為同一名稱的同一職位，乃是西藏佛教的特色。此一制度為何只出現於西藏而不出現於其他佛教地區？據說因在佛教尚未輸入之前的西藏宗教——苯教，即有類似佛教化身之說的信仰，認為諸神可與人類混合其身體，可借用人的身體；例如西藏的降神，即是先將司祭者的神識脫離肉體，再由所降之神進入司祭者的肉體，宣達神意。同時，在密乘之中，也有一個「奪舍法」，凡得心氣自在的行者，能依口訣將神識轉入他人的已死或未死之身體中。

呼圖克圖　呼圖克圖一作庫圖克圖（Khutuktu），乃是經由呼畢勒罕而接替其前生所遺職位的職稱。此亦為蒙古語，意為「明心見性，生死自主」，亦即「能知前生後世，不墮輪迴，生死自如，死後還轉」。此在藏語亦稱為「祖古」，意即「轉化之身」，此有「聖者」之意，也就是俗稱的「活佛」。亦有謂單指西藏的轉化聖者為呼畢勒罕，泛稱印度及西藏聖僧之轉身為呼圖克圖。（見金山正好的《東亞佛教史》四二一頁）

據說，宗喀巴圓寂之時，曾經囑咐許多的聖弟子為呼畢勒罕。又說西藏的呼畢勒罕，本多釋迦世尊座下的聖弟子，所以有的呼圖克圖，往往可將他們的「世系」，一直追溯到佛陀時代，即以達賴及班禪而言，傳稱在印度已經轉世十多次。

說得更明顯一點，呼圖克圖是受政府冊封的一種行政上的職銜，呼畢勒罕是轉生而仍不昧本性的修行者。所以，凡是呼圖克圖，必為呼畢勒罕，成為呼畢勒罕的行者，則未必盡受冊封為呼圖克圖。根據清朝理藩院的檔冊，乾隆至道光年間，共計呼圖克圖一百四十六位，其中以達賴、班禪、哲布尊丹巴、章嘉，稱為蒙藏佛教的四聖：以達賴統領全局，班禪輔佐達賴而領後藏，哲布尊丹巴領漠北蒙古（外蒙），章嘉領漠南蒙古（內蒙）。

實際上漠南蒙古，以章嘉為首，共有八大呼圖克圖，是清廷所封的八位高僧，即是：1.章嘉，2.錫埒爾（賽池），現居美國的迪魯瓦，即是此一世系的呼畢勒罕，3.敏珠爾（敏殊），4.阿嘉，5.喇果爾（棟果爾），6.濟隆（土觀），7.桑薩（香薩），8.察汗；其中除濟隆係生於西藏之外，餘均出自青海藏族的族系。這八大呼圖克圖平時常駐於北京，每年前往領域巡察一次，道路遠的亦有隔一年或至三年巡察一次；他們各有領域及駐錫的寺院，例如章嘉，在內蒙、青海、五台山，均有寺院。現在臺灣的甘珠爾瓦，不在八大呼圖克圖之列，他是其世系的第十七世，所常駐錫的寺院是黑龍江省呼倫貝爾地方的甘珠爾寺，受其攝領的有布萊雅特蒙古及新巴爾虎，並轄有八座寺院。

甘肅、青海、寧夏等處的蒙古部眾，為章嘉攝領。其餘的藏番族系，則由嘉木樣呼圖克圖攝領，他駐錫於拉卜楞（意為王公府第）的札喜連結寺，此寺為甘、青、寧一帶藏番族人的宗教中心之聖地。但在此寺，除了嘉木樣之外，尚有十八位活佛，那是第一世嘉木樣自西藏帶來的常隨弟子。此類活佛，不僅札喜連結寺有，塔兒寺也有好幾位，在西藏各地，一寺有幾位活佛的不算稀奇，其中固有曾受朝廷冊封為呼圖克圖的，亦有未曾受封的。例如《略論》的譯者大勇法師，他因入藏學密，也修成了自在轉世的呼畢勒罕，他於民國十八年（西元一九二九年）示寂，第二年即轉生於西康，到民國三十一年（西元一九四二年）時，他的第二世已成了沙彌。像這樣的活佛，當然很多，卻不可能享有呼圖克圖的職銜了。

據清朝入理藩院清高宗乾隆四十八年（西元一七八三年）檔冊的呼圖克圖，共計一百四十八位，西藏除達賴與班禪之外，另有三十位，其中有一位是女活佛，駐錫於羊卓湖畔薩丁噶鎮的桑廷寺，這是唯一的女呼圖克圖。據西藏史書記載，當清朝聖祖康熙五十六年（西元一七一七年），韃靼兵侵入西藏，一名將領至桑廷寺，對女活佛說：「傳稱妳是雷電母豬的化身，妳能一念咒就會變成豬的形態，除非親眼看妳變成豬，否則我們就要姦淫所有的女喇嘛。」女活佛的答覆是請他們退出去，使她們保持清淨。韃靼將領即在惱怒之下發兵攻占該寺，殊不知一進寺院，不見一人，只見到處是豬，始將韃靼兵嚇退。從此這個地方就不再遭遇兵災外侮。西藏的女喇嘛雖較男的為少，她們卻別有寺院，紅教的女喇嘛則可雜居於同派的男寺。

同上冊列的四川地區共有五位呼圖克圖。

各蒙古共有哲布尊丹巴等七十八位呼圖克圖，其中以歸化城占十二位，喀爾喀部占十九位，乃為最多。

甘肅等處共有三十三位呼圖克圖。

據金山正好《東亞佛教史》四二七頁則說，蒙藏全部的呼圖克圖，共有一百五十八位。這是二十世紀初以後的新資料，因為當時北京袁世凱政府，又封贈了呼圖克圖多人，致使數量增加。

又據日人多田等觀的《西藏》二十七至二十九頁說，喇嘛教團，階級很深，大別為普通僧與貴族僧之二類，貴族僧即是轉世的大喇嘛，俗稱活佛，一出家即繼承其前世職位與生活待遇，不必像普通僧那樣苦苦修學之後，始有應試提昇的希望。這樣的化身喇嘛或貴族僧，有的在一寺之中多達三十位，全藏共計不下千位——這當然是指的呼畢勒罕而非全係享有呼圖克圖的名銜了。多田氏曾於民國元年（西元一九一二年）入西藏留學十三年，此一資料，當是正確的。

尋找活佛的方法　活佛既稱呼畢勒罕，當他們前一身死亡之後，必定接受下一身的生命。可是，羅漢有入胎之悶，菩薩有隔陰之迷，他們雖能自在轉生於何處，在轉生之後，縱然不忘前生，也是恍忽迷離，如在夢中做夢，不能確定是怎麼回事。因此，凡一活佛圓寂之後不久，就要開始找尋其後身的工作。

尋找轉生活佛的方法，有藉前一世臨終時的遺囑，有藉種種的徵兆，最主要是仰「垂仲」或作「拉穆吹忠」——神媒或祭師的降神指示。訪尋其死後誕生的靈兒，以各種徵兆來判斷是否屬於某一活佛的轉生；這在靈兒本身，只憑直覺接受試驗和問答，他不會明白自己是不是某一活佛的轉生。

其中的降神一事，在本書第一章就已提到，這是苯教的遺產，但已被西藏的佛教所接受和運用；苯教的諸神已經被密乘攝化，皈依了三寶，做了佛教的外護。苯教本為原始的多神信仰，可謂西藏境內，遍處有著各類的神。故在藏中以及蒙古旅行，常可在路旁見到一個一個的土丘或石堆，上面飄著旗幡，行人經過，往往對之禮拜，祈禱路途的平安，他們稱此為「鄂博」。除此而外，西藏另有許多神湖，向那些神湖祈禱，也可使人在湖中見到異象的示現。這些信仰，均已化入西藏的佛教之中。

西藏的苯教師，一身要兼司祭者、預言者、醫師的三項職務。預言即是靠降神而得的神示；醫師也是神醫，藉符咒祈禱等治病。佛教的喇嘛，也就因襲了這三項職責。到了後傳佛教時期，始由印度傳入醫方醫書，喇嘛正式學醫而用藥物治病。這種情形，蒙藏相同，所以他們之中雖不乏無病不治的聖醫，總是可遇而不可多求。一般喇嘛的醫術，實在不太高明，所以中國內地諠稱庸醫為「蒙古大夫」，源出於此。

降神非常恐怖，首先集眾誦經祈禱，經過長期苦行的祭師登座，身配護胸鏡，手執寶劍，坐定之後遂使自己的神識出離肉體。漸漸地他臉上的血色消失，渾身的肉好像開始融化，在鼓樂喧天聲中，他的臉只剩下了骨頭，一層灰白色的皮，緊包在骷髏上，大跳大蹦，要由幾位強壯的喇嘛把他抓住按坐在壇上。這時的祭師已是神的化身，面目凶惡可怖，猙獰之至，皮色發青，牙縫裡吐泡沫，兩眼裡冒火星。降神禮畢，一陣瘋狂之後，祭師突然僵硬倒地，所降之神便離人體而去。（見寧康德所寫，陳澄之譯《西藏見聞錄》第十三節一四一——一四三頁）

這種降神，拉薩附近共有四處，非常著名：哲蚌寺旁的乃冲大神，桑鳶寺的仔烏馬布神，噶東寺的噶東大神，拉蒙喇錯湖（Lhamoi latso）的大神。此四處所供為西藏著名的護法神，達賴喇嘛的轉生及尋找，就靠這幾位大神的傳達。例如現在十四世達賴的轉生，便是藉著乃冲、噶東、仔烏馬布三位大神的一再降示而確定。

有關尋獲十四世達賴的文件所載，真是靈異不可思議。最初訪得十四個有異兆異象的孩童，結果是在宗喀巴大師的故鄉，訪到真正的靈兒。首先是由當時的攝政雲蒸熱振呼圖克圖，到拉薩東北約九十英里的曲科吉（Chokhorgyal）的拉蒙喇錯湖，向對康旺母女神，經過虔誠祝告和坐禪了好幾天，便在湖中見到了三個藏文字母，後來發現此三字母是達賴出生地的地名及附近寺名的縮語，同時也清楚地見到了達賴出生地旁的一座大寺的金色和綠色的屋頂，以及達賴俗家那所綠松兒石瓦的房子，這是青海西寧之南一個小鄉村內的農家。當尋找隊的人員到達時，十四世達賴才是個將近兩歲的小兒，竟能認出來人的身分和名字，取了十三世達賴所用的黑念珠、黃念珠、喚侍者用的小鼓，以及一根手杖；每樣配一付假的，這個叫作拉木登珠的小男孩，竟然毫不費力地選取了真的一套，並將念珠掛於項間。

這在十四世達賴的自傳中也記得很詳細，可惜當這報告呈到當時青海的最高行政長官之處，那位信奉伊斯蘭教的馬步芳將軍，開口就要十萬銀元的贖金，隨即再要求三十萬。這筆錢是照付了，達賴及西藏人對當時政府的這筆帳，卻牢牢地記著；雖在達賴坐床大典時，派了當時的蒙藏委員會委員長吳忠信入藏，送了厚禮，也對藏僧做了厚供。

本來，自從珠爾默特事變，清軍入藏平亂之後，於清高宗乾隆五十七年（西元一七九二年）即對達賴與班禪等大小活佛轉世，採取了干預政策，制定了兩個抽籤用的「金奔巴瓶」，一置北京雍和宮，一置拉薩大昭寺。若在拉薩舉行，則由駐藏大臣主持，將訪得的數位靈兒姓名及生年月日，用滿文、漢文、唐古特（藏）文並繕於牙籤，貯於瓶內，集眾於大昭寺，誦經七日，即由駐藏大臣監同抽掣。若遇特具靈異者，可由西藏方面呈請朝廷，特准免予掣籤，如第九世、第十三世及現在的第十四世達賴，均未採用抽籤法；一九五七年圓寂於臺灣的第十九世章嘉，也未用抽籤。

達賴及其轉生　關於達賴之名，此非藏語，而是藏語「嘉穆錯」（Rgyamt'so）的蒙古稱呼。嘉穆錯在藏語中是「海」的意思，乃為對高德喇嘛的尊稱，非限達賴專用，故在許多大喇嘛的法名之中，往往夾有「嘉穆錯」的字樣，全部一共十四世的達賴喇嘛之西藏名號，也多有「嘉穆錯」的字樣夾於其間。

到了第三世達賴，由受封於明朝的順義王俺答汗——成吉思汗的十七世孫，蒙古的阿爾坦汗，遣使迎瑣朗嘉穆錯至青海的察卜齊勒雅，用蒙古語尊稱他為「達賴」（Dalai），其意仍為「德廣如海」，故有將達賴意譯為「大海」。這是明朝穆宗隆慶年間（西元一五六七—一五七二年）的事。由此，黃帽派的喇嘛教才流行於蒙古諸部，一說當時俺答汗給第三世達賴的封號是「達賴喇嘛金剛執持」。此後就用達賴之號通行於蒙古及中內地，乃至今日的全世界。

據說，西藏本土並不使用「達賴」這個名稱，僅在外交上使用。他們平時尊稱達賴用的是另外幾種：1.喜穆官仁波切（Sky-abs-mgon-rim-po-che），意為救護尊者。2.蓋瓦仁波切（Rgyal-ba-rin-rim-po-che），意為得勝尊者。3.達穆前堪巴（T’ams-cad-mk’yen-pa），意為一切智者。達賴近側的人員，大多是稱呼他為「布格」（Sbugs），意為「大內」。

現將一共十四世達賴喇嘛的法名及其出生轉世的年代，照錄如下：

（一）羅倫嘉穆錯，即是宗喀巴的及門弟子根敦珠巴，生於明太祖洪武二十四年（西元一三九一年）。

（二）根敦嘉穆錯，生於明憲宗成化十二年（西元一四七六年）。

（三）瑣朗嘉穆錯，一作瑣南加錯，生於明世宗嘉靖二十一年（西元一五四三年）。

（四）榮丹嘉穆錯，生於明神宗萬曆十七年（西元一五八九年）。

（五）阿旺羅卜藏嘉穆錯，生於明神宗萬曆四十五年（西元一六一七年）。

（六）羅卜藏仁清札陽嘉穆錯，生於清聖祖康熙二十二年（西元一六八三年）。

（七）羅布格桑嘉穆錯，生於清聖祖康熙四十七年（西元一七〇八年）。

（八）羅卜姜白嘉穆錯巴桑布，生於清高宗乾隆二十三年（西元一七五八年）。始由金奔巴瓶掣名制產生。

（九）阿旺龍圖嘉穆錯巴桑布，生於清仁宗嘉慶十年（西元一八〇五年）。

（一〇）阿旺羅布姜巴丹尊楚稱嘉穆錯巴桑布，生於清仁宗嘉慶二十一年（西元一八一六年）。

（一一）阿旺格桑丹卓密凱珠嘉穆錯，生於清宣宗道光十八年（西元一八三八年）。

（一二）阿旺羅布丹貝甲穆參稱勒嘉穆錯，生於清文宗咸豐六年（西元一八五六年）。

（一三）阿旺羅布塔布克勒嘉穆錯，生於清德宗光緒二年（西元一八七六年）。

（一四）拉木登珠，生於民國二十四年（西元一九三五年）。

班禪額爾德尼 班禪本為宗喀巴的及門弟子，但他實際成為呼畢勒罕之名，則自第五世達賴之時開始。據說班禪與達賴，世世互為師弟，當第五世達賴之時，請其老師羅桑闕接（一作恩沙巴羅桑卻接），住持後藏日喀則的札什倫布寺，圓寂之後達賴制令尋找其轉世的靈兒，即成為第二世班禪。因他駐錫於札什倫布寺，外人即有稱呼他為札什喇嘛（Tashi-lama），該寺原為第一世達賴根敦珠巴所建，此後即由班禪一系相承。

班禪之名，亦係漢字的音譯，原音是Pan-chen，它是梵語和藏語的合璧，它是梵語「班第達」（pandita，有智慧者）及藏語「禪寶」（chen-po，大）兩個字的簡化複合詞，連起來解釋，便是「大有智慧者」，也含有「博學廣大」之義，所以有譯為「大佛學師」。此本亦非他的專稱，本書第三章第三節中，已有一位班禪釋迦師利了。因為他是第五世達賴之師，故得此尊號。實際上他的擁有此名，已是他的第四世，至於以前三世的輩次名字，乃是由更晚的第九世班禪所口述。到了第五世時，於聖祖清康熙三十五年（西元一六九六年），被清廷加封為「班禪額爾德尼」，額爾德尼（Ertini, Erdeni）是滿洲語，意為「珍寶」或「如意寶珠」，因而他的全銜又成了「大寶師」或「大如意寶師」。藏人信其為阿彌陀佛的應現，與觀音菩薩之化現達賴，正好是師弟相應，相得益彰。

現將班禪的世系迄今共計十位的法名及其出生轉世的年代，照錄如下：

（一）凱珠，此即宗喀巴的及門弟子，生於明太祖洪武十八年（西元一三八五年）。

（二）瑣朗接昂，生於明英宗正統四年（西元一四三九年）。

（三）恩帥巴，生於明孝宗弘治十八年（西元一五〇五年）。

（四）羅桑卻接，生於明穆宗隆慶元年（西元一五六七年）。

（五）羅桑耶西，生於清聖祖康熙二年（西元一六六三年）。

（六）班宥益希，生於清高宗乾隆三年（西元一七三八年）。

（七）登畢尼瑪，生於清高宗乾隆四十六年（西元一七八一年）。

（八）登畢旺修，生於清文宗咸豐四年（西元一八五四年）。

（九）羅柔卻京，生於清德宗光緒九年（西元一八八三年）。

（一〇）宮保慈丹，生於民國二十七年（西元一九三八年）。

本來，黃教喇嘛的呼畢勒罕共有蒙藏四聖，除了達賴與班禪之外，尚有掌領外蒙古的哲布尊丹巴及掌領內蒙古的章嘉，此中後面的兩位，留到本書下章第二節的蒙古佛教中再為介紹。

第七章　政教關係及其制度

第一節　政教合一的始末

元帝與喇嘛教　元代起於漠北，為中國武力最強的一代，但對西藏，乃用懷柔政策，自太祖成吉思汗，即對喇嘛教表示敬意，到了世祖忽必烈時，喇嘛教便由西藏而遍傳於蒙古。此固由於政治上的一種方法，同時也是由於西藏佛教含有苯教素質，苯教又與蒙古的薩滿教的氣息相通，所以蒙古的領袖便選定西藏的佛教做為他們的信仰。

在元朝之初，西藏佛教正是薩迦派的盛世。忽必烈於元憲宗在位之時，率兵南下，自甘肅、經川西、渡金沙江、取大理、由雲南的昆明縣而入西藏。當時薩迦派第五祖發思巴，年紀尚小，但他七歲即能說法，並且縱橫無敵，故在晉見忽必烈時，深受優禮。及忽必烈為帝，遂定佛教為國教，迎尊發思巴為國師，授以玉印，並命製造蒙古新字。元世祖至元六年（西元一二六九年），將此新字頒行天下，直用到順帝由內地退還漠北之後。成吉思汗以來蒙古人所用者為塔塔統阿所授的畏兀兒字，故稱發思巴所製者為新字，字方形，頗似土蕃字，字僅千餘。

正由於元世祖尊信發思巴，封為大寶法王，以西藏十三萬戶酬庸發思巴為供養（至元十二年，西元一二七五年，發思巴返藏，途經青海、西康、前後藏，調查各地戶口，總計十三萬），實際是以藏地視同郡縣，設官分職，由發思巴以宗教領袖而兼掌西藏的政權。於是帝師的命令與元帝的詔敕，在藏土同時並行，這就是政教合一制——若以加封帝師而言，乃始於發思巴的叔父薩迦派四祖——從此建立薩迦王朝，直到元順帝至正五年（西元一三四五年），始為迦舉派所奪，先後統治西藏約近百年；每一帝師圓寂，即由同派的繼承人嗣位。同時也在京城廣建精舍寺院，以為東來喇嘛行館，上至皇帝、宗室、后妃，下至大臣、士庶，對於西藏佛教，莫不膜拜皈敬。因此，喇嘛教即遍行於中國及蒙古各地。

發思巴的弟子膽巴，也是一位天才神童，十多歲即已精通諸種密教壇法，後去印度求法歸來，神異卓著，來中國後亦被元世祖尊為國師。

據《元史》所載，此後由西藏來的大元帝師，依次是達爾瑪巴拉實哩、伊特札實琳沁、策喇實巴鄂爾嘉勒、札克嘉勒燦、多爾濟巴勒、桑節札實、袞巴勒藏布、班珠爾戩藏。

元朝最後的皇帝為順帝，受其封為帝師的是伽璘真。順帝昏庸，惑於祕術，耽於淫樂。據《元史》稱，平章政事哈麻，使其妹夫禿魯帖木兒勸西藏僧人於帝前行運氣之術，名為「演揲兒」（意為大歡喜或大喜樂，即是男女交接之術的無上瑜伽法），伽璘真即因達此祕法而被封為帝師，並任喇嘛僧侶為司徒，各取良家三、四名女子，稱為供養。順帝溺於此術，他的諸弟及寵臣也在帝前男女裸處，並將該處呼為「皆即兀該」（意為事事無礙）。佛教之弊，因此達於極點。

又據《元史》所載，由於喇嘛教的盛行，以及政治上的優待庇護，致使喇嘛橫行不法：盜墓、殺人，或受美女及寶物的賄賂，或私庇人民不輸公賦。這些都是薩迦派捲入政治權力以後的劣跡。

薩迦派沒落之後，即有迦舉派在西藏建立「舍塔王朝」，直到現代尚存於西康、不丹、錫金、尼泊爾及拉達克等地的紅教喇嘛，便是古迦舉派的支派。此派有一小支叫作哈宗派（Lha-tsun-pa），係由於拉薩東南的貢巴之喇嘛哈宗（本名Kun-bzaṅ-rnam-rgyal，西元一五九五—一六九？年），到錫金樹立教團，直到現代，此派在錫金拉卜楞（Labrang=Bla braṅ）寺的大喇嘛，被尊為「守護主」，除了做為該國教團的領袖，對於政權亦有很大的影響力。其僧徒則大多帶妻。

不丹的佛教，也是迦舉派下的一小支派，係於西元十七世紀自西藏的南部傳入，稱為南方派（Lho-ḥbrag-pa），此派教團的領袖被尊為「喇嘛寶王」及「法王」，第一世帶妻，以後均守獨身，享有政權，以至於今，他的寺院即是不丹的王宮。

迦舉派下迦爾瑪派第九代喇嘛雖於清世宗雍正三年（西元一七二五年），受錫金王禮請前往，自建寺院，然其後來的勢力極微。唯其於明莊烈帝崇禎八年（西元一六三五年）起而推倒「舍塔王朝」的藏巴汗，也是迦爾瑪派的人。

明朝的喇嘛教 明代對烏斯藏的政策，承襲元代的舊法，因其俗尚，崇其宗教。據《明史．列傳》卷三三一所載：「洪武初，太祖懲唐世吐蕃之亂，思制御之。惟因其俗尚，用僧徒化導為善，乃遣使廣行招諭。又遣陝西行省員外郎許允德使其地，令舉元故官赴京授職。於是烏斯藏攝帝師『喃加巴藏卜』先遣使朝貢。五年十二月至京。帝喜，賜紅綺禪衣及鞋帽錢物。」

但是，自元朝中葉迄明朝末年，西藏在政治上已由統一而形成部落分立的局面，所以明朝在對藏政策的實行上，也和元朝有了若干變更。元朝是以喇嘛中最高位之一人，尊為教主，中央集權，管轄全藏。明朝則將各派僧人的權力分割統治，一則由於薩迦派已趨於沒落，二則薩迦派本與退守漠北的元朝親密，故而另外提昇第二位喇嘛，與薩迦派大喇嘛，並治藏地。在明太祖之世，即封了四位大喇嘛，予以同樣的地位和特權。

及明成祖即位（西元一四〇三年），喃加巴藏卜已圓寂，乃對西藏七位大喇嘛，皆封以「王」的尊號，例如封迦舉派大喇嘛為大寶法王西天大自在佛，另封大乘法王及大慈法王等。

終明之世，被封為法王者八人，授西天佛子者二人，尊為灌頂大國師者九人，灌頂國師者十八人。並制法王以下圓寂後，封號由其法嗣承襲，每年朝貢一次。

明初即有改革家宗喀巴的新甘丹派興起，但對明朝政府，影響無多，故受封為王的大喇嘛，多為各紅帽派僧侶。到了明神宗萬曆四年（西元一五七六年），受封於明室的順義王俺答汗，始迎第三世達賴至蒙古弘化，黃教的教化遂伸入大漠南北。

清朝與喇嘛教　由於第三世達賴，東來甘、青、綏、寧一帶說法，感化了青海和河套的蒙古部族，致使一生用兵的俺答汗，率先皈依了黃教，偃武信佛，從此而使元順帝退歸漠北後即告中絕的喇嘛教信仰，再度傳入了蒙古各部族。

因為清朝的西藏佛教與蒙古各部族，有很多關涉，故在此處先當介紹蒙古主要的各部在當時分布的狀況，現列一表說明如下：

- 蒙古諸部
  - 東方
    - 漠南蒙古
    - 漠北蒙古
    - 喀爾喀部
    - 科爾沁部
    - ——韃靼諸部
  - 西方——西蒙古之厄魯特諸部
    - 都爾伯部——土爾扈特部之北
    - 土爾扈特部——準噶爾部之北
    - 準噶爾部——天山北路之大部
    - 和碩特部——準噶爾部之東，烏魯木齊附近

據《聖武記》所載，因達賴一世根敦珠巴，本為西藏王室的後裔，遂因利乘便，集國王教主於一身，漸使黃教掌有政教大權。實則第一世達賴之際，西藏各地，主要仍為紅教諸法王分治局面，達賴縱有政教之權，亦不過是局部。要到第五

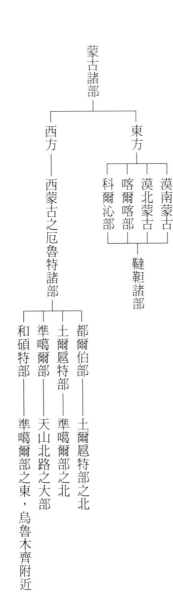

世達賴之時，由於游牧於烏魯木齊（迪化一帶）的蒙古和碩特部，在明末之世，移牧青海，首領固始汗，將其勢力伸至康藏地方，他使第巴桑節奉第五世達賴居住前藏，由迦爾瑪派紅教的擁護者藏巴汗統治後藏。旋因第巴桑節向固始汗控訴藏巴汗虐待部眾、毀滅黃教，乞師誅討，固始汗即於清世祖順治二年（西元一六四五年）出兵攻滅後藏的藏巴汗，將後藏的札什倫布寺交給達賴之師班禪居住。固始汗雖使其子達顏汗留居後藏，管轄西藏政治，因其尊信達賴，所以，前藏政治仍由達賴座下的大臣第巴桑節主持。此為黃教統一西藏之始，亦為達賴與班禪分治前後藏之肇始，也是蒙古人為西藏藏王統治西藏之始。

第五世達賴之於清朝的接觸，最先是在清太宗崇德七年（西元一六四二年），達賴遣使至盛京（今之瀋陽），貢表稱「曼殊舍利大皇帝」，有謂「滿洲」之名，即由曼殊的轉音。清廷亦遣使報聘，並稱達賴為「金剛大士」。清順治九年（西元一六五二年），五世達賴至北京入覲，清廷封為「西天大善自在佛領天下釋教普通鄂濟達賴喇嘛」，此為黃教在西藏向中國政府取得合法的法王地位之始。不過，當時的達賴，雖為政教最高領袖，他的實際權力仍在於教務而不在政務，政治實權仍操之於第巴桑節之手。第巴桑節遂「挾天子以令諸侯」，以達賴之名而推行政令，故當五世達賴於清聖祖康熙二十一年（西元一六八二年）圓寂，第巴桑節密不發喪，並以達賴之名請准清廷封他為土伯特國王，而與固始汗在西藏繼立的孫子拉藏汗對立。到了康熙三十五年（西元一六九六年），清廷獲悉達賴已圓寂之後，第巴桑節乃密呈經過，並謂六世達賴已十五歲，名為羅卜藏仁清札陽嘉穆錯。旋因拉藏汗襲殺了第巴桑節而另立伊西嘉穆錯，於是鬧成真偽兩個達賴的局面。此事為第巴桑節所勾結的西蒙古準噶爾部不滿，故到康熙五十五年（西元一七一六年），拉藏汗又為準噶爾部的策旺阿拉布坦襲殺，復以拉藏汗所立的六世達賴為偽，故在青海的藏族中另立羅布格桑嘉穆錯，在青海坐床。結果是以第巴桑節所立者為六世，青海所立者則於清軍打敗準噶爾部之後，在康熙五十九年（西元一七二〇年）於拉薩正式坐床為第七世，有的記載仍以此為第六世。

此一亂事平定之後，即以拉藏汗的貝子康濟鼐掌前藏，台吉頗羅鼐掌後藏。清世宗雍正帝即位後，捨其潛邸為喇嘛寺，即是北京的雍和宮，表示其對西藏佛教的尊崇。及雍正二年（西元一七二四年），康濟鼐遇害，清廷平亂之軍尚未到達，亂事已為頗羅鼐平定，因其有功，被封為郡王，總理前後藏事，清廷遂留正副大臣二人領川陝兵二千人駐藏，此為設置駐藏大臣之始，亦為西藏正式成為中國領土的完成。

至清高宗乾隆十二年（西元一七四七年），頗羅鼐卒，其子朱爾默特繼位，竟於乾隆十五年（西元一七五〇年）欲藉準噶爾部之助而謀叛亂，結果為清廷駐藏大臣傅清等所殺，傅清等亦死於朱黨之手，清廷乃命四川總督策楞，率兵入藏討平。從此清廷的對藏政策一變，不再頒賜汗、王、貝勒、台吉等的封號；改設四噶布倫以分掌藏政，而由達賴總理全局。於是，政教合一制，又告恢復。清廷的駐藏大臣，則處於監督的地位。

正當第六世達賴鬧著廢立真偽之階段，藏中的精神領袖乃由第五世班禪擔任，受清廷之命，移駐前藏，並遙領後藏政教事務。康熙三十四年（西元一六九五年）班禪應召至北京，頗受清帝厚遇，並加以「額爾德尼」的封號。

乾隆四十四年（西元一七七九年），第六世班禪入京，由於乾隆帝亦皈依了班禪，親受教義，皇族大臣及妃嬪太監等亦都敬之如佛；且其由藏來京，沿途所受供養的財物亦極多。不幸竟於次年因患痘而圓寂於北京，他的俗兄仲巴呼圖克圖，遂奉其遺骸及鉅資西歸，因為未將財物分給他信奉紅教的俗弟舍瑪爾巴，乃誘廓爾喀（尼泊爾）人入藏，大掠札什倫布。清廷乃命福康安為大將軍，由青海入藏，大敗廓爾喀兵，藏地又歸平靜。但經此番平亂之後，清廷在藏的權力大增，將駐藏大臣權力升高，督辦一切藏中事務，一切治權，悉操於清廷之手，達賴、班禪只管宗教事宜，對於行政的權力甚微，所以政教乃告分離。此種形式，一直維持到清代末年。

清末以後的西藏政教　到了清末，因為清廷處理不當，趙爾豐激進謀邊，以改土歸流政策，迫使十三世達賴出亡印度，致為英人所攏，並求英人對抗清廷，清廷遂革除十三世達賴喇嘛名號，命駐藏大臣另外訪求靈童，以便重立新的達賴，以致世界輿論譁然，西藏與清廷的關係，遂趨惡化。及辛亥革命事起（西元一九一一年），十三世達賴從印返藏，一面宣布獨立，一面派兵進入川邊（今之西康省），直抵康定，企圖收復清廷邊疆大臣趙爾豐劃入中央領土的區域，排斥中朝，採取閉關政策。於是，駐藏大臣的制度中斷，北京政府所設駐藏辦事長官的新制度，也未能實施於西藏，達賴遂集前藏政教大權於一身。迄民國十三年（西元一九二四年），十三世達賴與第九世班禪意見不洽，班禪遂由青海到北平，班禪內向中朝，達賴便又恢復了前後藏統一的政教合一制。

當時的中央政府於民國十七年（西元一九二八年）北伐成功，故於民國十八年（西元一九二九年）派遣北平雍和宮喇嘛貢覺仲尼為慰問專員入藏，十三世達賴亦表歡迎，及貢覺仲尼返京，達賴即派其為西藏駐京總代表，加派楚臣丹增為副代表，在京設立辦事處，此為當時政府與西藏關係的初步恢復。到了民國二十八年（西元一九三九年），由於吳忠信入藏主持十四世達賴坐床大典之後，遂於次年在西藏設立駐藏辦事處，此一機構雖不能與清代的駐藏大臣衙門相提並論，但在雙方關係的增進上，卻極重要。

及抗日戰爭勝利，當時的國民政府還都南京，西藏特派一代表團到京慶祝；同年十二月二十五日，制憲的國民大會在南京開會，西藏亦派有十人代表出席。民國三十七年（西元一九四八年）行憲的國民大會在南京揭幕，選舉總統、副總統，西藏地方及暫時旅居內地的藏族共選出代表二十四人，大部到京出席。然而不久，國共戰起，西藏遂於一九四九年七月，強令中央駐藏人員離藏，於是雙方關係先後僅二十年而告中絕。

事實上當時派在西藏的人員，似乎也不理想，有一位在人民解放軍進藏之前最後離開西藏的西方人寧康德，在他的《西藏見聞錄》第十二節一三三頁，就有這樣的批評：「席間中國方面的大員陳先生和他的副手劉先生，我冷靜客觀看來，態度很不好，似乎對藏情根本無有深切研究，自大的氣焰徒使西藏權威們容忍在心裡。

中國政府派此輩駐藏，何止乎難收相互融洽之功而已。」（陳澄之譯，正中版）

第二節　蒙古的佛教

蒙古人及其宗教

《多桑蒙古史》的第一卷開頭就說：「亞細亞之中部，北有諸山系與西伯利亞為界，南鄰高麗、中國、土蕃、細渾（Sihoun）河及裏海，西起伏爾加（Volga），東抵日本海。自太古以來，屬於三種人種的游牧民族所居，世人可以通稱他們為突厥、為韃靼（Tatares）、為蒙古、或稱東胡、或稱女真。這些區別的依據，在語言上較形貌尤為重要。」在中國古史中，一律將他們稱為北狄，嗣後有匈奴、鮮卑、拓跋、突厥、契丹、女真。此等好戰的游牧民族，歷代以來，屢為中國之患，由於成吉思汗的出現，竟使世界為之震動。

我們已經說過，中亞游牧民族的原始宗教信仰，學者間稱之為薩滿教。據《多桑蒙古史》的記述，韃靼民族的信仰與迷信，與亞洲北部的其他游牧民族或野蠻民族大都相類，皆承認有一主宰，與天合，名之曰騰格里（Tangri）。崇拜日月山河五行之屬。以木或氈製偶像，名為翁剛（Ongon），懸於帳壁，對之禮拜。以為死亡即由此世渡到彼世，其生活與此世相同。以為災禍乃因惡鬼為厲，或以供品，或請薩滿祓禳。薩滿即是此一原始宗教的宗教師，身兼幻術家、解夢者、卜者、星者、醫師等諸職，他們自以為各有其親近的神靈，告訴他們關於過去、現在、未來的祕密。擊鼓誦咒，逐漸激昂，以至迷惘，及神靈附身，則舞躍瞑眩，以言吉凶，人生大事皆詢此輩巫師，信之甚切。（馮承鈞中譯本三十三頁）

在《馬可波羅行紀》（*Livres des merveilles du monde*）第六十九章，也記有「韃靼人之神道」，說：「彼等有神，名稱納赤該（Nacigay），謂是地神，而保佑其子女、牲畜、田麥者，大受禮敬。各置一神於家，用氈同布製作偶像。」據沙海昂對此的註釋說：「據云，彼等信仰一神，是為一切有形無形之物之創造者，對於人類行為施以賞罰。」（馮承鈞中譯本二四六、二四九頁）

「騰格里」是天神的名，「納赤該」是地神的名，薩滿教雖有最高神之天的觀念，實則仍是信的多神。到了明神宗萬曆五年（西元一五七七年），西藏的黃教傳入蒙古，薩滿教便被融化而漸失其原有的勢力。

忽必烈與西藏紅教　成吉思汗叛離遼金而興起，但是，經過了他四個兒子及兩個孫子——窩闊台、朮赤、察合台、拖雷、貴由、蒙哥，八傳而至忽必烈，始滅南宋，統一中國，佛教受蒙古人的普遍信仰，也是從元世祖忽必烈的時代開始。在此之前，蒙古人仍多信仰薩滿教，且有基督教活動的跡象。

佛教何時始入蒙古？最遲是在元憲宗蒙哥之世。《多桑蒙古史》二卷五章說：「蒙哥即位後，命皇弟忽必烈領治漠南漢地民戶，以僧海雲掌釋教事，李志常掌道教事；後又命西番僧那摩為國師，總天下釋教。」此一「那摩」，應係喇嘛之誤，當係薩迦派的第四祖。魯克黑爾的《威廉旅行記》，也載有蒙哥汗時：「蒙古都城和林，曾來紅教喇嘛僧侶。」

又見《多桑蒙古史》三卷一章說：「先是發思巴未至以前，成吉思汗後王二人，曾自土蕃徵喇嘛名 Sagtcha Pandita（薩迦班智達）者至，命製同類之字母，字未成而喇嘛死。」

足徵在忽必烈之前，蒙古已有佛教傳入了。不過，在此之前的蒙古諸汗，並不偏尊於某一宗教，由於忽必烈曾到土蕃，故在未即位時已經皈依了佛教，當時的喇嘛們已將佛教信仰自畏兀兒、土蕃而傳布於蒙古諸王的營帳中，忽必烈於蒙哥死後，自立為汗，即尊發思巴為帝師，並命製造新字，元世祖至元六年（西元一二六九年）詔令頒行，詔中有謂：「我國家肇基朔方，俗尚簡古，未遑制作。凡施用文字，因用漢楷及畏兀字，以達本朝之言。考諸遼金以及遐方諸國，例各有字。今文治寖興，而字書有闕，於一代制度，實為未備，故特命國師發思巴創為蒙古新字，譯寫一切文字，期以順言達事而已。」此對蒙古文化的貢獻，極其重大。

忽必烈即位後，仿漢制，建太廟於燕京，至元三年（西元一二六六年）太廟落成，命僧侶做佛事七晝夜，嗣後定為每歲的永式。至元二十二年（西元一二八五年），又命發思巴等參對勘定漢藏兩種藏經的經本，撰成《至元法寶勘同總錄》。

南宋亡於至元十七年（西元一二八〇年），元世祖歿於至元三十一年（西元一二九四年），其次便是元成宗納麻賀即位。成宗信佛極篤，故有必蘭納識里代帝出家，且受帝命，翻譯梵經為蒙文，歷仕數代，賜號「普圖明廣照宏辯三藏國師」。元武宗至大三年（西元一三一〇年），有西藏高僧法光至蒙古，為發思巴所造的蒙古新字加以增訂；又有中國及回鶻等地的佛學者，將西藏藏經譯出為蒙古文。嗣後歷仁宗、英宗、泰定帝、文宗、順帝，代代崇信西藏佛教。然到明太祖代興（西元一三六八年），元順帝退回他們的老家漠北之後，佛教信仰便在蒙古人之間一時中落，後經百數十年，始由黃教的輸入，蒙古佛教遂再度復興。

黃教的輸入　黃教傳到蒙古，主要是由於內蒙古鄂爾多斯部的阿爾坦汗（《明史》稱為俺答汗），最初入寇中原，後來歸服於明穆宗，受封為順義王，請得金字西藏藏經，又迎喇嘛，教化土民。但其最主要的關鍵，是在其從甥（表姪）徹辰鴻台吉於征服西藏後，皈依了佛教，並帶了一位名叫巴克實的喇嘛回到蒙古。明神宗萬曆四年（西元一五七六年）謁見俺答汗，並勸其皈信喇嘛教，俺答汗深為嘉許。同時在萬曆元年（西元一五七三年）俺答汗攻克了哈拉杜爾伯特之際，俘虜藏人，即有阿里克喇嘛，勸他皈依佛教。於是於萬曆五年（西元一五七七年），派遣專使入藏，迎請第三世達賴喇嘛瑣朗嘉穆錯巡錫蒙古，贈「聖識一切瓦齊爾達賴喇嘛」之稱號，並在綏遠的歸化城，為達賴建立一寺。俺答汗一生征戰，從此偃武崇佛，努力文治，且依佛旨，禁止部眾殺戮。此為黃教盛行於漠南蒙古（內蒙）之始。

及第三世達賴圓寂，轉生第四世，乃為俺答汗曾孫圖古隆汗，嗣位法號榮丹嘉穆錯，因係蒙古貴冑出身，故亦深獲漠北蒙古（外蒙）的愛戴。

外蒙古始有黃教，則為土謝圖汗的曾祖阿巴岱汗之功。據清聖祖康熙二十六年（西元一六八七年）喀爾喀部土謝圖汗的表文中載：「國內向無佛教，自我曾祖往謁達賴喇嘛，得蒙優禮，賜以瓦察刺賽音汗之號，於是我地佛法，炳如日星。」故在包滋得涅夫（Pozdneev）的《蒙古及蒙古人》之中說：「阿巴岱汗為喇嘛教最初弘布於蒙古之人。」阿巴岱汗請第三世達賴的大弟子大慈邁達里呼圖克圖，於喀爾喀圖拉河邊的一寺，宣揚佛化，大受蒙古民眾的隨喜渴仰，因而贈予「大慈諾門汗」或「博碩克圖濟農」之尊號。

再說西蒙古厄魯特部的皈依佛教，可能是始於明末。萬曆四十四年（西元一六一六年），厄魯特部諸君長皆皈依喇嘛教，其地區包括科布多、阿爾泰、伊犁、塔爾巴哈台、青海等地；其中準噶爾部的巴圖魯渾台吉等，各以一子出家為僧侶，無子者以同族子為養子而使做喇嘛。準噶爾部的喀爾丹汗，曾入藏為喇嘛，達賴嘗授以「博碩克圖汗」之稱號。同部的策旺阿拉布坦於入藏襲破拉藏汗之後，亦受達賴所授「寶權大慶王」的稱號。並以伊犁河北建固爾札寺，伊犁河南建海努克寺，全境供養僧侶喇嘛達六千多人。

哲布尊丹巴與蒙古佛教　哲布尊丹巴（Rje-btsun dam-pa，至尊寶王）之出現，為外蒙古佛教史上最重要的一環。據稱他也是宗喀巴大師的弟子，從史實上說，他實係爵囊派的大學者多羅那他，晚年遊化於外蒙，後以爵囊派五祖駐拉薩的大喇嘛改歸格魯派，多羅那他轉生即為黃教的哲木尊達爾拉答，哲布尊丹巴之名，即是哲木尊達爾拉答的音轉。

他怎麼成為庫倫活佛的？此一制度，係始於準噶爾部策旺阿拉布坦之建寺供僧，由於該部與清廷為敵，當時禁止他與拉薩的達賴來往，因而他以「西勒圖」之名稱，請四位大喇嘛坐床，凡遇重大疑難及緊要計策，均向大喇嘛取決，樹立了另一系在教權上的威信。後以準噶爾部與喀爾喀部反目，由清聖祖派兵征服，清廷為表優禮蒙古佛教，對喇嘛賜以禪師及國師等號，並建立寺院多起，增封大喇嘛，授予特權。多羅那他遊化外蒙之際（即為阿巴岱汗之世，故亦有說多羅那他即是大慈邁達里），極受喀爾喀部之皈信，並於庫倫建寺供養，他也寂於該地。轉世再來，適逢清聖祖之世，受封為哲布尊丹巴呼圖克圖。康熙三十年（西元一六九一年）清聖祖巡幸察哈爾多倫諾爾之際，哲布尊丹巴始被引見滿清皇帝。據巴德雷（Baddeley）氏說，他生於明莊烈帝崇禎八年（西元一六三五年），寂於清世宗雍正元年（西元一七二三年）。據光緒《大清會典事例》亦載：「康熙三十二年封哲布尊丹巴呼圖克圖為大喇嘛，於喀爾喀建庫倫，廣敷黃教。」

由康熙至乾隆之間，哲布尊丹巴頗受清廷優遇，自康熙三十年（西元一六九一年）始見清聖祖之後，直至康熙四十年（西元一七〇一年）的十年之間，每年均受召至北京，皇帝賜予各種賞賚，殆有不忍分離之狀。康熙六十一年（西元一七二二年），仍以年邁衰病之身，勉踐聖祖七十、九十再聚之約，但他來京之時，聖祖已崩，他謁見帝之梓宮，又追弔其遺跡，第二年即雍正元年（西元一七二三年），未及返回庫倫，他就寂於北京的黃寺。

雍正帝清世宗，本為佛教徒，尤其由於皇考聖祖對哲布尊丹巴軫念極渥，禮遇至隆，聖祖升遐為甲午日，哲布尊丹巴圓寂亦為甲午日，此證均非常人；是以不聽理藩院之諫止，世宗親破例臨其棺前弔祭，懸帕供茶，並授「啟法哲布尊丹巴喇嘛」之稱號；特派大臣護送其遺骸返庫倫。

庫倫建造之寺院為康熙五年（西元一六六六年），哲布尊丹巴之經常駐錫庫倫，則有謂始於清高宗乾隆六年（西元一七四一年）。乾隆二十二年（西元一七五七年），哲布尊丹巴於庫倫創辦札尼特高等宗教學院，由數個學部組成，每一學部分有數個學級，大致設有四個學部：

（一）顯教學部：研究佛教的一般學問。

（二）密教學部：研究西藏佛教的奧義。

（三）天文學部：研究星象及氣候

（四）醫藥學部：研究醫術及藥物運用

（三、四）此二者原為薩滿的職務，至此已成佛教化世的方便。

僧侶學成後，經過一定水準的考試，即由哲布尊丹巴授以學位。因此，庫倫既為外蒙政教中心，也是蒙古喇嘛教育的聖地，蒙古各地的僧侶，競相群集於此。據松筠《綏服紀略》載稱：「所謂庫倫者城圈也，該地有喇嘛木柵，故名庫倫。」

乾隆之初，哲布尊丹巴呼圖克圖來京，旅資加銀一萬兩，並賜於黃色圍牆。乾隆十九年（西元一七五四年），設商卓特巴，職司沙比納爾等俗事，稍後又設駐庫倫辦事大臣，對活佛權力稍加限制，並為防其勢力過大，命令應向西藏地區覓找其呼畢勒罕。嘉慶帝之對其第四世，道光帝之對其第五世，乃至咸豐帝，雖不及康熙帝之對其第一世，然亦均無顯著的抑損之跡。

到了清德宗光緒四年（西元一八七八年），情形即為之一變，庫倫的滿洲大臣志剛，廢除從來對哲布尊丹巴的三拜九叩禮，並令第八世哲布尊丹巴（西元一八七〇—一九二四年）對辦事大臣起立迎接，結果由蒙古辦事大臣之疏通而使志剛讓步。到光緒二十二年（西元一八九六年），滿洲駐庫倫的辦事大臣桂斌，又要求哲布尊丹巴起立相迎。清末朝廷腐敗，對於佛教大為冷落，例如光緒三十四年（西元一九〇八年），川滇邊疆大臣趙爾豐，奉旨經略邊疆，以為必須破壞喇嘛教勢力，以致當時清兵撕毀經卷做為靴底；同年十三世達賴抵北京，覲見及賜宴等，必須行跪拜禮；趙爾豐於清溥儀宣統二年（西元一九一〇年）率兵進駐拉薩，逼達賴出亡印度，並革去達賴名號；即在同年，由於庫倫的德義勇木鋪被搶，辦事大臣三多的乘輿為喇嘛擲石，三多擬嚴罰，哲布尊丹巴欲面見三多，請求穩便了事，三多不允，竟責令賠償木鋪損失，並將犯人送理藩院罰辦，同時奏請將掌管俗務及主計的高級喇嘛革職。結果，清朝覆亡，外蒙古亦於民國元年（西元一九一二年）宣布獨立，哲布尊丹巴呼圖克圖於庫倫自稱皇帝，成立「大蒙古國」，年號「共戴」。

外蒙獨立與佛教　民國元年（西元一九一二年）以大總統令宣布，凡效忠民國翼贊共和的蒙古各札薩克王公，均屬於大局有功，悉照原有爵位晉升一級，如汗及親王等已無更高之爵位可晉，則封其一子或一孫。於是到民國四年（西元一九一五年）六月，外蒙古即取消獨立，北京政府遂遣使往庫倫，冊封哲布尊丹巴為「外蒙古博克多哲布尊丹呼圖克圖汗」，在獨立中經哲布尊丹巴晉封的王公爵位，北京政府也予以追認。在政治方面，仍由外蒙古政府自治，故在此一階段的佛教事業極盛。

到了民國八年（西元一九一九年），哲布尊丹巴及外蒙古王公，自請北京政府撤銷自治，政府遂派徐樹錚為西北籌邊使，督辦外蒙古一切善後，繼任者為陳毅。

至民國十年（西元一九二一年）二月，白俄恩琴巴龍，攻陷庫倫，挾持哲布尊丹巴為外蒙古君主，造成外蒙古不自主的第二次獨立。又由外蒙古國民黨人蘇愛巴圖爾，聲討恩琴，得蘇聯紅軍之助，於同年七月攻入庫倫，建立「蒙古國民政府」政權，仍以哲布尊丹巴為元首。

到民國十三年（西元一九二四年），第八世哲布尊丹巴突然示寂。外蒙遂在帝國主義者的主導之下，將政府改組為「蒙古人民共和國」，廢除政教合一制度，不許尋覓哲布尊丹巴的轉生，召開國民會議，制定憲法，改走社會主義的無產階級專政的路線。廢止汗、王公、台吉、呼圖克圖、呼畢勒罕等的尊稱及特權；禁止喇嘛參加政治活動，十八歲以下的青年亦不得出家為僧。民國十七年（西元一九二八年），「蒙古人民革命黨」第七屆大會，決議沒收寺產，強迫僧侶返俗。民國二十年（一九三一年），開始對佛教改採溫和政策。

可是，外蒙古憲法第八十一條規定，人民有宗教信仰及反對宗教信仰的權利，致使蒙古人民請僧侶唪經者日少，信仰熱誠漸衰，自願出家者亦日減。故在民國六年（西元一九一七年）時的外蒙古，有佛教僧侶十一萬六千五百七十七人，到民國二十一年（西元一九三二年）時，已減為八萬二千人。

不過，佛教信仰在外蒙古的潛力，仍不可小視。一九六四年，外蒙古及蘇聯，還派了佛教代表團，出席了在印度召開的世界佛教徒聯誼會第七屆大會。

內蒙古的章嘉活佛　章嘉（Lcaṅ-skya）是漠南蒙古（內蒙）的宗教領袖。他的開始，與哲布尊丹巴，幾乎是在同時。當清聖祖康熙帝，准內蒙古四十九旗比照外蒙古三部三十九旗，制定王公等各賜銀幣後，即依內蒙各部君長之請，由西藏迎得第五世達賴的弟子章嘉呼圖克圖，並為於多倫諾爾建立彙宗寺（東廟或黃寺），傳教於內外蒙各地。

章嘉本為青海人，名叫阿噶旺羅布桑卻拉丹，入藏親近第五世達賴等，求戒求學，成為第十四世章嘉呼圖克圖。後於康熙二十六年（西元一六八七年），至燕京謁見清聖祖，康熙四十四年（西元一七〇五年）受賜「灌頂普照廣慈大國師」之金印。康熙三十七年（西元一六九八年）正月、四十一年（西元一七〇二年）正月、四十九年二月（西元一七一〇年），聖祖三度幸行五台山，重修大文殊寺成為內蒙喇嘛教的本山；清世宗雍正五年（西元一七二七年），帝又發金十萬兩，為十五世章嘉呼圖克圖，於彙宗寺之西南建善因寺（西廟或青寺）。乾隆六年（西元一七四一年）清高宗命十五世章嘉及第七世班禪等，將《西藏大藏經》尚未譯成蒙古語的丹珠爾部分，續譯完成，並且敕令刊行；乾隆二十三年（西元一七五八年），又命章嘉十五世及莊親王等，撰定《滿漢蒙古西番合璧大藏全咒》八十八卷，以及《同文韻統》八卷。

章嘉呼圖克圖，歷世內向，忠貞不渝，經常駐錫之地為多倫、北京、五台山三地。雍正帝在潛邸時，曾就章嘉請示教義；並自言他於禪的造詣，乃得力於章嘉呼圖克圖。他在康熙年間，著力參禪，偶有省悟，禪僧性音便讚為大悟徹底；帝不自信，叩問章嘉，則不以為然，並更勉帝進步，故雍正帝對章嘉極端信仰，讚章嘉為：「乃真再來人，實大善知識也，梵行精純，圓通無礙……藩邸清閒，時接茶話者十餘載，得其善權方便，因知究竟此事。」（《御選語錄》卷十八〈後序文〉）又說：「秉質靈異，符驗顯然；且其教法流行，徒眾日廣。」（〈雍正帝善因寺御製碑〉）

一九五七年圓寂於臺灣臺北的第十九世章嘉，自幼即有靈異，據他來臺後與漢僧法師們閒中自述，當八國聯軍攻打北京之時，慈禧太后張惶失措，不知如何是好，便問年幼的章嘉活佛，由章嘉指路而逃離脫險；有一次慈禧太后患腹痛不止，要求年幼的章嘉活佛用手按摩，手剛按下，太后的腹痛立止。

清朝結束後，袁世凱又為章嘉於清聖祖所賜的「灌頂普照廣慈」之下，加封「宏濟光明」四字；至徐世昌，又加「召因闡化」四字；後又有「護國淨覺輔教大師」的德號並曾任要職，故於圓寂之後，備極哀榮。

第三節　蒙藏佛教的制度

喇嘛的種類　蒙藏喇嘛教團，在清代以來，由於政教混合的緣故，名稱類別亦極為繁複，現在分條列舉如下：

（一）職銜的分類有八：1. 轉世呼圖克圖，2. 轉世諾門汗，3. 呼圖克圖，4. 諾門汗，5. 班第達，6. 堪布，7. 綽爾濟，8. 呼畢勒罕。

（二）任職的分類有十七：1. 國師，2. 禪師，3. 札薩克達喇嘛，4. 副札薩克達喇嘛，5. 札薩克喇嘛，6. 達喇嘛，7. 副達喇嘛，8. 虛銜達喇嘛，9. 蘇拉喇嘛，10. 商卓特巴，11. 德木齊，12. 格思規，13. 格隆，14. 班第。札薩克喇嘛以上者用印，以下至蘇拉喇嘛者受箚，德木齊以下者許有徒眾。又在陝（河南省陝縣）、甘（甘肅省張掖縣）、洮（甘肅省臨潭縣）、岷（甘肅省鞏昌縣）諸州，則置15. 都綱，16. 僧綱，

17.僧正，各授以劄。

（三）以其住居分為四類：1.駐京喇嘛——即是分駐於熱河、盛京（今之瀋陽）、多倫諾爾、五台山之各寺者，此為章嘉呼圖克圖、敏珠爾呼圖克圖、噶勒丹錫哷圖呼圖克圖等。2.西藏喇嘛——即是達賴喇嘛、班禪額爾德尼等。3.西蕃喇嘛——即是住於浪莊、西寧、木里、乍雅、察木多、類烏齊等地蕃寺的喇嘛。4.游牧喇嘛——即是歸化城、土默特、察哈爾、錫哷圖庫倫、內札薩克四十九旗、喀爾喀、阿拉善等游牧地區的喇嘛。以上的1.、2.兩類須出於呼畢勒罕，3.、4.兩類則不一定要出於呼畢勒罕。

（四）起居於寺院的喇嘛分六類：1.顯教學部畢業者有蘭占巴喇嘛、噶布楚巴喇嘛、哈爾巴喇嘛。2.祕密學部畢業者有卡克林巴喇嘛。3.醫學部畢業者有滿蘭巴喇嘛、滿巴喇嘛。4.時輪學部畢業者有齊林巴喇嘛。5.四學部之各部部長為蘇尼特喇嘛、求次特喇嘛、滿巴喇嘛、顛噶爾喇嘛。6.四個學部之上的總部喇嘛稱為西雷喇嘛，直屬於西雷喇嘛者，亦有達喇嘛、副達喇嘛。

（五）普通僧尼可分七類：1.格隆，2.班第，3.學藝班第，4.台吉之願做僧侶者，5.職銜或任職喇嘛的隨帶徒弟，6.烏巴什，7.女的尼僧稱為齊巴罕察。

現代西藏的寺院組織　西藏現代的大寺內必分若干中部的獨立學院，稱為札倉；每一中部又必分若干小部，稱為康村。每大寺選一適中之處建一總殿，為全寺僧眾早課誦經之所；每一中部又各有一殿，為該部僧眾於中午誦經之所；每一小部也有一殿，此殿多依僧房環繞，中間砌一丹墀。每一中部又必有一講經辯論場所，哲蚌寺分有七個中部，色拉寺分有四個中部，甘丹寺則分有兩個中部。

寺內職事分為二類：1.管理全寺財產者，稱為「機緒」，意為總管，有正副二人及助理多人，除為全體營謀生計之外，不管僧眾的威儀。2.管理全寺大眾威儀者，稱為「義鄂」，意為首座，在全寺中，以此職位的權力最高；亦有正副二人及輔助多人。維那只管大殿舉經，領眾誦經，不管威儀。

每一中部的職事，又分三類：1.堪布，意為住持，負責一個中部大眾的教育及威儀的教授教誡，在辯論場中以堪布為主，與政府接洽寺內諸事，亦以堪布為主體；故此職非有真學識不能勝任，除特殊因緣者外，均以「格西」充任，每一個中部設堪布一人及其助理多人。2.當家，每一中部有當家數人及其助理多人，負責財產管理與經營，並支配其用途。3.糾察，藏名為「格果」，意為策善，此乃殿內及辯論場中，監督僧眾的威儀。當家及糾察兩職，即普通僧人亦可充任，不必要有格西學位。

在各小部中，亦有類似中部的職位，唯其掌管威儀者名為「康村格梗」，意為小部中本年新來者的導師。此多依來寺的年限而任，在小部中出家的人亦須任過康村格梗之後，才進入老學眾，才對本小部內的大小事宜的羯磨（會議）時，取得發言權；初來的新學眾，不得評議，也不得參加。

教育與考試　僧侶教育與考試，可分兩類：

（一）轉世續任：此即用於呼畢勒罕或呼圖克圖，選定靈兒並確認其為某大喇嘛的轉生之後，舉行坐床大典。同時選定一位學德兼尊的大喇嘛為師，另選若干有才學的人輔佐，教其每日學經等事，與普通僧同，只生活稍為富裕，且有人陪同研究講辯，較普通僧的因緣順足而已。滿二十歲時，受比丘戒，考格西學位，然後才正式行使其前生所遺下的職務與權力。

（二）考試晉任：此為三大寺的制度，由普通僧人先通顯教而考格西；考取格西後再進入「舉巴」精研密法；充任過舉巴的糾察等各職之後，再陞為舉巴的「堪布」，此為堪布之中最尊者；由舉巴的堪布陞為法王（全部僅兩位）；由法王再陞任甘丹寺的座主，稱為「甘丹墀巴」，乃為宗喀巴大師法座的傳人，是考試陞任中的最高最尊的名位。

不過，進入「舉巴」學密的，也分有兩類：1.未在三大寺考取格西而直接進入者，此類先當從一師長學習，熟讀《集密金剛大教王經》及經「儀軌」，至能背誦，再候舉巴的人數有缺時，始行考取，上、下兩舉巴僅一千人，每舉巴以五百人為限。進入之後，五年之內做沙彌行，承事諸比丘，為做受食行水等事，至第六年，受比丘戒而受其他沙彌的承事；此類以學習密部儀軌為主。2.考取格西後進入者，此類在進入後第一年中，威儀如沙彌，殿堂不容或缺，但不須承事諸比丘；第二年後即同上座，諸事都有方便，如其學德超勝者，可以考陞堪布。

格西考試的步驟　在未考格西之前，有一個漫長的學習歷程，大致可分五個階段：

（一）五、六歲時入寺後的初二年中，依師學習初級因明的辯論方式。

（二）其次的五、六年中，廣學解釋《大般若經》的《現觀莊嚴論》，若對此論研究通達，則於三乘道的次第，尤其於大乘道的次第，便能獲得堅固不謬的定解。

（三）往下的兩、三年中，精研月稱的《入中論》，此論分十品，講十地十行，特於第六品中廣明諸法緣起性空之理。修中觀始能斷煩惱出生死，所以此論吃緊。

（四）再次二、三年中，精研戒律，因到此時，年將二十，將受大戒，所以必須詳明開遮持犯與止持作持。

（五）最後乃至末考格西之時，則須多學《俱舍論》，此乃對於生死涅槃、若總若別、因緣果等，詳細抉擇之論，即是阿毘達磨的要典。

同時，在此學程期間，每年冬季，必須兼學一個月的《因明論》。因在西藏特重論理方法，無論學何法、修何法、講何法，若不用正理辯論抉擇，便如泥上之釘，不能安穩堅固。

格西的考取，共分四等，此係在學《俱舍論》時，由各中部學院堪布量其學力，而批准的不同等級：

（一）頭等格西：在考格西前一年夏季，先至達賴喇嘛居所的摩尼園，與參加考試的十六個人彼此立宗，互相辯論，在辯論之時，由達賴喇嘛的侍讀堪布等為證法人，達賴亦常垂簾而聽；第一、二等格西名次，即在此時約略考定。再到冬季法會時，各中部學院年度應考的格西，即在各本學院辯論場中立宗接受辯論，有堪布及特選之大德為證法人。第三步便是由第一、二名格西在正月初一日，於達賴宮內各自立宗，對辯法義，有達賴及三大寺的堪布與政府一切要人在座參觀作證。最後即在傳「大召」時立宗，接受三大寺全體的問難辯論，等待此法會閉幕日，揭布其辯論次數，始得格西的學位。此乃為格西考試中最難的一種。

（二）二等格西：冬季在各自所屬的中部學院辯論，然後於次年二月在傳「小召」時，與三大寺的大眾辯論。先一年夏間亦往摩尼園辯論，不過不如頭等格西的嚴格。

（三）三等格西：此僅在各所屬本寺的二、三中部的學院內，立宗辯論，不須與三大寺的全體辯論。

（四）四等格西：只在所屬本寺的大殿前，立宗少許，或請人代替接受辯論，此乃只有格西的年齡而無學問，或略學一論而年齡尚未到，徒取格西之名而已。

考取頭、二等格西之後的人，則有兩途可走：一為退隱山谷，精進修持；但亦有因政府需要用人，不容靜修而派出做堪布的。一為轉入舉巴，進修密乘，最高可陞任為甘丹墀巴。其餘的則於住了數年舉巴之後被派往他處支院任堪布等職。至於三、四等的格西，只有隱居靜修，大多不能為政府所任用。

總之，西藏人的唯一教育，便是研究佛學，他們研究佛學之講求方法，條理謹嚴，乃為任何國家之所不及。他們談哪一部經論，就貼緊著該一經論來談，絕對不許旁徵泛引，或問東答西，或藉故規避，故其絕無駁雜混淆之弊。他們辯論時所用的詞句，均須依照因明論式問答，不許隨口亂說，否則便不應理。所以，西藏佛教能夠培養出普遍的人才。

智慧海 34

西藏佛教史

A History of Tibetan Buddhism

著者	聖嚴法師
出版	法鼓文化
總審訂	釋果毅
總監	釋果賢
總編輯	陳重光
編輯	詹忠謀、李書儀
封面設計	賴維明
內頁美編	胡琡珮
地址	臺北市北投區公館路186號5樓
電話	(02)2893-4646
傳真	(02)2896-0731
網址	http://www.ddc.com.tw
E-mail	market@ddc.com.tw
讀者服務專線	(02)2896-1600
初版一刷	1997年11月
四版一刷	2024年7月
建議售價	新臺幣280元
郵撥帳號	50013371
戶名	財團法人法鼓山文教基金會—法鼓文化
北美經銷處	紐約東初禪寺 Chan Meditation Center (New York, USA) Tel: (718)592-6593 E-mail: chancenter@gmail.com

法鼓文化

國家圖書館出版品預行編目資料

西藏佛教史 / 聖嚴法師著. -- 四版. -- 臺北市：
法鼓文化, 2024. 07
面；　公分
ISBN 978-626-7345-34-4（平裝）

1.CST: 佛教史 2.CST: 西藏自治區

228.266　　113006593